The Word and Redemptive History
말씀과 구속사

말씀과 구속사

2017년 8월 18일 개정2판 1쇄 발행

지은이 | 손석태
펴낸이 | 김성희
편집인 | 정사철
표지디자인 | 장윤주
편집디자인 | 서다운

발행처 | (사)기독대학인회 출판부(ESP)
서울시 강북구 덕릉로 77
Tel 02)989-3376~7 | Fax 02)989-3385

The Word and Redemptive History

말씀과 구속사

손석태 지음

ESP, 2017

Seoul, Korea

머리말

　필자가 신학대학교에서 목회자를 양성하며 항상 마음에 두고 강조하는 바는 영력과 실력이 충만한 말씀의 종을 길러야 한다는 것이었다. 목회자는 말씀을 맡은 자이다. 말씀을 바로 번역하고, 바로 연구하고, 바로 가르치고, 바로 설교하도록 부르심을 받은 자들이다. 교회는 말씀의 샘이며, 성도들은 하나님을 예배하고 말씀을 받기 위하여 교회에 나온다. 그러나 한국의 많은 목회자들의 설교를 보면 말씀과 성경본문이 조화롭게 어우러지지 못하는 경우가 많다. 물론 그 이유는 여러 가지가 있겠지만 나는 설교자 자신이 말씀에 대한 신학과 신앙이 결여되어 있기 때문이라고 생각한다. 성도들은 하나님의 말씀을 한 마디라도 듣기 위하여 교회에 나오기 때문에 설교자는 양떼들의 가슴속에 한 마디의 말씀이라도 심고자 하는 간절함과 강한 사명감이 있어야 한다. 말씀의 종에게는 말씀이 사람의 생명을 살리고, 말씀이 사람의 신앙을 성장시키며, 말씀이 역사해야 교회가 부흥한다는 확고한 믿음이 있어야 한다. 그래서 말씀으로 세상살이에 피곤하고 지친 영혼들을 위로하고 격려하며, 말씀으로 절망하고 좌절한 인생들에게 하나님 나라에 대한 소망을 심고, 죄짓고 병든 인생들을 권위 있는 말씀의 채찍으로 책망하여 회개하고 용서 받게 해야 한다.

　그러나 요즈음의 설교자들은 사람을 많이 모으는 데 관심이 많다. 그래서 되도록이면 성도들에게 부담을 주는 설교를 하지 않고 피하려고 하며, 성도들이 예배하러 나와서 부담 없이 즐기고, 많이 웃고 가기를 바란다. 그러나 그들은 텔레비전에 나오는 개그맨들이 훨씬 더 지능적으로 잘 웃기고, 시사 문제, 경제 문제, 국제정치, 문학이나 예술 등에 있어서는 텔레비전에 등장하는 전문가들이 우리 목회자들보다 훨씬 더 많이 알고 있다는 사실을 간과하는 것 같다. 하나님께서 우리를 주의 종으로 부르신 것은 우리가 강단에 서서 만담을 하고, 교양강좌나 시사평론을 하며, 경제 지표를 설명하라고 세우신 것이 아니다. 하나님의 말씀을 강론하고, 전파하며 설교하도록 부르신 것이다.

따라서 우리가 이 말씀 사역을 잘 하려면 무엇보다 우리의 신앙생활과 목회에 있어서 말씀이 무슨 역할을 하는지 바로 알아야 한다. 다시 말하면 말씀 신학이 분명해야 하고, 말씀을 맡은 자로서 말씀에 대한 철학과 소신이 있어야 한다. 나는 우리 신학생들이나 목회자들이 설교의 기술이나 방법을 익히기 전에 말씀에 대한 확고부동한 신학을 정립하기를 바란다.

"예수께서 내려서 큰 무리를 보시고 그들을 불쌍히 여기셨으니, 이는 그들이 목자 없는 양 같았기 때문이다. 예수께서 그들에게 많은 것을 가르치기 시작하셨다." (막 6:34)

이 책은 필자가 개신대학원대학교에서 성경신학과 설교학에서 가르치던 강의안을 정리한 것이다. 원래 2001년도에 뼈대만 세워서 강의용으로 출판했던 것을 이번에 수정 증보하여 새롭게 출판하게 되었다. 이 책을 읽고 우리 학생들이 말씀에 대한 분명한 신학적 인식과 더불어 말씀의 종으로서의 확고한 말씀 철학을 확립할 수 있기를 바라는 마음으로 출판 작업을 시작하였다. 이곳에 사용된 성경 구절은 "하나님의 말씀, 바른성경"을 사용하였다.

2010년 3월 26일
미아리 개신대학원대학교 연구실에서
저자 손석태

개정판을 내며

『말씀과 구속사』를 개정해야겠다는 생각은 오래 전부터 가지고 있었지만 필자의 게으름으로 지연 되었다가 이제야 새롭게 나오게 되었다. 이론 부분에 있어서 말씀과 성령의 관계에 대해서 이미 출판된 필자의 책 『말씀과 성령』, 『성령세례 다시 해석한다』등을 참조하여 새롭게 보충하고 개정했다. 말씀을 사랑하는 사람들에게 이 책이 개인적인 신앙 성장뿐만 아니라 말씀 사역에 동참하는 모든 자들에게 말씀 철학을 확립하는 데 조금이나마 도움이 되기를 바란다.

2016년 겨울
저자 손석태

목차

서론

구속사란 타락한 인간을 구원하기 위하여 하나님께서 작정하시고, 준비하시고, 이루신 일을 기록한 역사를 말한다. 따라서 구속사의 주인공은 메시아이며, 구속사의 핵심은 메시아에 대한 예언과 그 예언의 성취이다. 지금까지 우리는 구속사를 논의할 때에 메시아의 약속에 대한 점진성이라든가 그의 성취, 그리고 메시아의 대속적인 사역에 대해서 강조점을 두어 왔는데 이는 물론 적절한 일이다. 그러나 구속사에 있어 말씀의 역할을 간과해서는 안 된다. 왜냐하면 하나님께서는 말씀을 통하여 구속사를 이루시기 때문이다.

하나님께서는 말씀으로 세상을 창조하셔서 아담을 그의 대리통치자로 세워 그가 창조하신 모든 피조물을 다스리도록 임무를 주셨지만 아담은 하나님의 말씀에 불순종하고 반역하였다. 그 결과 아담은 하나님의 진노의 심판을 받게 되었으며, 아담과 언약적 연대성을 갖는 모든 피조물도 아담과 함께 멸망하게 되었다. 이러한 세상을 구원하시기 위한 하나님의 구원 계획은 말씀을 통하여 새 하늘과 새 땅을 창조하는 것이었다. 이 계획을 이루기 위하여 말씀이신 하나님께서 사람이 되셨다. 성육신하신 그리스도께서는 이 땅에서 말씀을 가르치셨고, 말씀을 땅 끝까지 전하기 위하여 제자들을 불러 훈련을 시키시고, 한 알의 말씀의 씨로 십자가에서 죽으시고 부활하셨다. 부활하신 그리스도께서는 제자들에게 성령세례를 주시고, 말씀의 종으로서의 권위와 능력을 부여하셨다. 그리하여 성령 세례를 받은 제자들은 예루살렘부터 땅 끝까지 말씀을 전하였다. 그래서 구속사는 말씀과 떼려야 뗄 수 없는 관계이다. 이러한 점을 감안할 때에 우리는 구속사 가운데 말씀의 역할을 바로 이해하고, 또한 하나님의 구원 역사의 일꾼으로서 우리의 말씀 전하는 사명을 바로 인식해야 할 필요가 있다.

제1장

말씀과 창조

성경 66권 가운데 창세기는 그 첫 번째 책이며, 그 책의 첫 시작은 "태초에 하나님께서 하늘과 땅을 창조하셨다"는 선언으로 시작된다.[1] 이 말씀은 창세기는 물론 모든 성경의 대 전제가 되는 말씀이며, 기독교 신학과 교리와 신앙의 전제이자 출발점이기도 하다. 이 창세기 1:1이 전제하는 것은 첫째로 태초에 하나님께서 존재하셨다는 것이며, 둘째로는 태초에 존재하신 하나님께서 이 세상 만유를 창조하셨다는 것이다. 누구든지 기독교인이 되려면 이 말씀을 먼저 받아들여야 하고, 그의 모든 기독교적 사고 체계 속에서 이 말씀을 전제해야 한다.

---

1 창 1:1에 대한 번역은 학자들 간에 다양하게 제기되고 있다. 첫째, "하나님께서 하늘과 땅을 창조하신 태초에 …" (In the beginning when God created the heavens and the earth, the earth … *NRSV*), 둘째, "하나님께서 하늘과 땅을 창조하기 시작하신 때에, 땅은 … 하나님께서 말씀하셨다" (When God began to create heavens and the earth- the earth being unformed and void … God said, *NJPS*), 셋째, 태초에 하나님이 천지를 창조하시니라." (In the beginning God created the heavens and earth, the earth was …, *NIV*, *KJV*, *BASB*, *ESV*) 등이다. *NRSV*는 1절은 종속절로 2절을 주절로 번역한 것이며, *NJPS*는 1절을 종속절, 2절은 괄호, 3절을 주절로 간주한 것이며, *KJV*, *ESV*는 1절을 전통을 따라 독립문장으로 번역한 것으로 하나님의 6일 동안의 창조를 서술하는 요약적 서언이다. 1절을 종속절로 이해하려는 사람들은 "태초에" (in the beginning)라는 부사구로 번역하려면 영어에서와 같이 정관사 "하" (ה)가 "브레싯" (בראשית)에 있어야 한다고 주장하나 시간을 나타내는 경우에는 정관사가 필요하지 않다는 것이 대다수 학자들의 견해이다. 또한 창 1:1이 독립적인 요약적 서술이 아니라 창조 서술이라고 주장하고 1:1과 1:2 사이에는 우리가 알지 못하는 시간적 간격이 있다고 말하는 사람들이 있지만 창세기는 문예적인 틀 속에서 기술되고 있으며, 1:1과 2:3은 삽입(Inclusion)을 형성하는 문예적 단위이다. 따라서 1:1에 하나님께서 천지를 창조하시고, 1:2에 이 세상을 재창조하셨다는 식으로 해석해서는 안 된다. Cf. John H. Walton, Genesis: The *NIV Application Commentary* (Grand Rapids: Zondervan, 2001), 68-69. Gordon J. Wenham, *Genesis 1-15*, WBC.l. (Waco:Word Books, 1987), 11-13. Victor P. Hamilton, *The Book of Genesis 1-17*. NICOT(Grand Rapids: Eerdmans, 1990), 103-108. John H. Sailhamer, *The Pentateuch As Narrative* (Grand Rapids: Zondervan, 1992), 82, n.2.

1. 태초에 스스로 계신 하나님

성경은 하나님께서 태초에 존재하셨다고 전제하고 선언한다. 태초에 무엇이 있었는가 하는 문제는 고대 그리스의 자연 철학자들로부터 우주 여행을 하고, 생명체를 복제하는 현대 과학자들에게까지도 여전히 뜨거운 논쟁거리이다. 아쉽게도 이 논쟁에 대한 명쾌한 답변은 아직 존재하지 않는다. 그러나 성경은 태초에 하나님이 계셨다는 것을 전제한다. 출 3:14에서 하나님은 "에이혜 아세르 에이혜"(אהיה אשר אהיה), 곧 "나는 스스로 있는 자이다"[2] 라고 자신을 모세에게 소개하신다. 하나님은 누가 만들어 내거나 다른 존재로부터 유출된 신이 아닌 스스로 계신 분이라는 것이다. 따라서 하나님은 유일하신 분이시다. 하나님은 "나보다 앞서 지음을 받은 신이 없으며 내 후에도 없을 것이다."(사 43:10)고 자신의 유일무이성을 선언하신다. 하나님은 고대 근동의 신들의 세계에서 볼 수 있는 것과 달리 배우자도 없고, 하나님과 견줄만한 대적자도 없다. 오로지 하나님 한 분만 계시며 이 세상의 모든 역사는 하나님으로부터 시작되었다. 물론 하나님께서 역사의 시작이시기 때문에 그 역사의 끝도

---

2 "에이혜 아세르 에이혜"(אהיה אשר אהיה)에 대한 번역과 해석으로는 첫째로 불가상성을 의미하는 것으로 "나는 나이다", "나는 있을 뿐이다"라고 번역하는 것이다. 그래서 여호와께서는 그가 누구인지 호기심을 가지고 탐구할 대상이 아니라는 것이다. 말하자면 그의 존재는 어떤 이름으로 표현될 수 없다는 뜻이다. 둘째로는 존재론적 의미로 "나는 (참으로) 있을 뿐이다"(I am who I am.)이나 "나는 실존하는 분이다"(I am that I am.), 혹은 "나는 내가 될 것이다"(I will be will be what I will be.) 등으로 다양하게 번역할 수 있다. 하나님은 누구에 의해서 창조되거나 어디에서 유출된 존재가 아닌 태초로부터 존재한 분이라는 것이다. 셋째는 "너와 함께 있는 나는 분명히 너와 함께 있을 것이다." 라고 번역할 수 있는 언약적 번역이다. 하나님의 이름을 묻는 모세에게 아브라함과 이삭과 야곱과 함께 하신 하나님께서 그의 백성 이스라엘과 영원히 함께 하시겠다는 언약적 의미를 가진 이름이라는 것이다. 따라서 이 언약적 번역은 여호와의 주권과 신실성을 동시에 내포하는 의미라고 할 수 있다. 손석태 『출애굽기 강의』(서울: ESP, 2005), 36-37. 참조 Geerhard Vos, *Biblical Theology: Old and New Testament* (Grand Rapids: Eerdmans, 1948), 117-120.

하나님께서 맺으실 것이다. 따라서 하나님은 "나는 처음이고 마지막이니 나 외에 다른 신이 없다."(사 44:10)고 말씀하시며, 하나님은 "내가 종말을 처음부터 말하며, 아직 이루어지지 아니한 일들을 옛적부터 보이고 말하기를 '나의 뜻이 이루어 질 것이며 내가 나의 기뻐하는 모든 것을 이룰 것이다.'"(사 46:10)라고 말씀하신다. 하나님께서는 앞으로 있을 일을 미리 말씀하시고 보이시고 이루신다는 것이다. 뿐만 아니라 이는 하나님이 역사의 주관자이시며, 역사를 초월한 영원한 분이시라는 말이다. 하나님께서는 시간을 초월하여 존재하시는 분이시다. 고대 근동 세계의 신들은 그들을 섬기는 민족이나 나라의 흥망성쇠와 운명을 같이 했지만 하나님은 영원토록 살아계신 분이시다.[3]

2. 천지를 창조하신 하나님

하나님은 태초에 스스로 계셨다. 태초에 스스로 계신 하나님께서는 천지를 창조하셨다. 천지를 창조했다는 말은 일종의 "메리즘"(merism)[4]으로 세상의 모든 것을 다 창조했다는 말이다. 하늘과 땅과 그 안에 있는 모든 것을 다 창조하신 것이다. 따라서 하나님께서 친히 "나는 모든 것을 만들었으며 홀로 하늘을 펼쳤고 홀로 땅을 편 여호와니…"(사 44:24)라고 선언하신다. 세상에 존재하는 모든 것이 우연히 생겨난 것이 아니고 하나님께서 계획하시고 설계하시고 창조하신 것이다. 하나님께서 그의 지혜와 능력으로 지으신 것이다(시 136:5-6). 하나님은 이 세상에 존재하는 모든 존재, 눈에 보이거나 보이지 않는 모든 가치와 질서를

---

3 손석태 『창세기강의』(서울: ESF, 1993), 20-21.4.
4 "메리즘"(merism)은 서로 반대되는 어휘를 합성하여 전체, 혹은 전부를 나타내는 어법으로 예를 들면, "남녀노소", "유대인이나 헬라인", "지혜 있는 자나 어리석은 자" 등으로 이들은 모두 "모든 사람" 혹은 "인류"를 의미한다. 마찬가지로 "천지"는 세상의 모든 만물을 의미하는 합성어이다.

창조하셨다. 어느 것이라도 하나님의 뜻과 계획이 없이 존재하게 된 것이 없다. 그래서 하나님께서는 6일 동안 만물을 창조 후 "보시기에 좋았더라"고 그의 창조에 대한 만족감을 표현하신다. 사람을 창조하신 후에는 "하나님께서 그 지으신 모든 것을 보시니, 보시기에 매우 좋았다."고 말씀하신다. 하나님은 이 세상 만물을 창조하신 천지의 주인이시다. 이 창조의 세계가 다 하나님의 소유이기 때문에 하나님께서는 자기 뜻대로 관리하고, 유지 보존하시며, 다스리고, 주관하고, 통치하신다. 세상의 나라들을 건설하시고 파괴하시며, 인간의 생사화복을 주관하신다.

1) 말씀으로 천지를 창조하신 하나님

하나님은 전지전능하셔서 세상의 모든 것을 다 창조하신 분이시다. 그렇다면 하나님은 이 모든 것을 어떻게 창조하셨는가? 하나님께서 빛을 창조하신 기사를 보면 "하나님께서 '빛이 있어라' 말씀하시니 빛이 있었고"(창 1:3)라고 기록하고 있다. 말씀하시니 그대로 이루어졌다. 하나님의 말씀에 빛을 창조할 수 있는 권위와 능력이 있음을 볼 수 있다. 시 33:6은 "여호와의 말씀으로 하늘이 만들어졌으며, 그분의 입김으로 만상이 만들어졌다."고 적고 있으며 9절에는 "그 분께서 말씀하시니 이루어지고, 명령하시니 확고히 서게 되었다."고 말한다. 이 시는 "하늘"과 "만상"이 병행을 이루고, "하나님의 말씀"과 "입김"이 병행을 이루고 있다. 여기서 "만상"이라는 말은 히브리어 "콜–츠바암"(כל-צבאם)을 번역한 것으로 창 2:1 의 "만물"과 같은 말이다.[5] 따라서 하늘과 만상은 세상에 존재하는 모든 것을 지칭하는 말이다. 구약성경에는 특히 말씀으

---

5 "콜–츠바암"(כל-צבאם)에서 "차바"(צבא)라는 말은 "군대"(army, host)라는 뜻으로 시가에서는 "별"들을 의미하기도 한다. 고대 세계에서 별은 하나님의 명령을 시행하는 전사(warrior)로 여겨졌다(삿 5:20; 시 103:20-21). M. Dahood, S.J. *Psalm I: 1-50*. The Anchor Bible (Garden City: Doubleday & Company, 1965), 201.

로 말미암은 창조를 많이 언급하고 있다. 이사야 55:11에는 "이처럼 내 입에서 나가는 내 말도 헛되이 내게 돌아오지 않고, 오직 내가 기뻐하는 것을 이루며 내가 보내어 하게 한 일을 성취할 것이다."고 말하고 있다. 이 같은 언급은 사 40:26; 44:24-28; 48:13; 50:2; 겔 37:4; 시 104:7; 147:4, 15-18; 148:3-5 등에서도 찾을 수 있다. 한번 하나님의 입에서 나가면 반드시 이루어지고야 마는 말씀의 변경할 수 없는 확고성과 한번 선포되면 실수 없이 그대로 이루시고야 마는 말씀의 능력을 증거하는 말이다.

또한 "입 기운"은 히브리어 "루아흐 페"(רוח פה)를 번역한 것으로, "입의 영"이라는 의미이다. 따라서 하늘과 만상을 지은 것은 여호와의 말씀과 영이라고 할 수 있을 것이며, 여기서 말씀과 영은 서로 다른 두개의 본질을 지칭하는 것이 아니라 서로 교환 사용이 가능한 하나의 본질을 일컫는 말이다. 하나님으로부터 나가는 생명의 호흡으로서의 하나님의 영과 그의 입의 호흡으로서의 하나님의 말씀은 하나님께로부터 나가서 하나님의 뜻을 이룬다는 의미에서 서로 일치성을 보인다.[6] 따라서 하나님의 말씀과 하나님의 영은 서로 분리될 수 없으며, 이 둘은 함께 하나님의 창조 사역을 이루는 하나님의 본체이며 능력이다.

하나님께서는 세상에 있던 어떤 물질을 이용하여 창조하신 것이 아니고 말씀으로 무(無)에서 유(有)를 창조하신 것이다(creario ex nihilo). 그렇기 때문에 하나님은 전지전능하시다. 하나님께서는 역사를 초월하여 스스로 존재하시며, 무에서 유를 창조하실 수 있는 초자연적인 능력이 있기 때문에 성경에 나오는 모든 불가사의한 기적과 이적을

---

6 Wilf Hidebrandt, *An Old Testament Theology of the Spirit of God* (Peabody: Hendrickson, 1995), 41-42.

행하실 수 있다. 홍해를 가르시며, 처녀의 몸에서 아이를 낳게 하실 수 있고, 죽은 자를 살릴 수 있으며, 반석에서 샘물이 나오게 하고, 마른 막대기에서 꽃이 피게 할 수 있으며, 오병이어로 오천 명을 먹이실 수 있다.

요한복음 1장에서는 이 전지전능하신 하나님을 말씀과 동일시하고 있다. 태초에 계신 분이 바로 말씀이며, 말씀이 하나님이시라는 것이다. 그래서 요 1:3에는 "만물이 그로 말미암아 지은 바 되었으니 지은 것이 하나도 그가 없이 된 것이 없느니라"고 말하고 있다. 바로 말씀이 창조주라는 것이다.[7] 그리고 말씀 안에 생명이 있다고 말한다(요 1:4). 말하자면 말씀 안에 있는 생명이 생명을 창조하는 일을 하는 것이다.

2) 하나님께서 창조하신 세상

창세기 1-2장에 기록된 하나님의 창조 기록을 살펴보면 우리는 여기에 일정한 조직과 질서가 있는 것을 알 수 있다. 먼저 창 1-2장의 본문 구조를 살펴보면 1:1은 하나님의 창조선언이며, 이 창조 선언은 2:4에서 반복된다. 따라서 1:2-2:3은 일종의 삽입구(inclusio)를 형성하고 있음을 알 수 있다. 그래서 2:4-25은 사람의 창조를 기술하며 이 사이에 2:8-15은 에덴동산을 기술하는 또 다른 삽입구가 나타나고 있다. 이 같은 본문의 구조를 살펴보면 다음과 같다.[8]

---

7 Peter Borgen은 요 1:1-5가 기본적으로 창 1:1-5에 대한 탈굼식의 주해(Targumic exposition)라고 주장한다. 그는 또한 말씀이 하나님이지만 창조의 대행자(agent)이며, 적어도 창조는 말씀과 분리해서는 생각할 수 없는 요소라고 주장한다. Quoted from Victor P. Hamilton, *The Book of Genesis Chapters 1-17*. NICOT (Grand Rapids: Eerdmans, 1990), 144.

8 손석태 『목회를 위한 구약신학』, 46. John H. Walton은 창세기 1 장의 창조 기사가 물질의 기원(material origins)이 아니라 기능적 기원(functional origins)이라고 주장한다. *The Lost World of Adam and Eve: Genesis 2-3 and the Human Origins Debate* (Downers Grove: IVP, 2015), 36-45.

창세기 1-2 장의 내용을 구분하면 다음과 같다.

A. 창조선언 (1:1)

B. 하나님께서 창조하신 세상 (1:2-2:4a; 삽입)

    a. 하나님의 영역 창조 (빛, 궁창, 뭍; 1:2-13)

        a1. 빛 (1:3-5)

        a2. 궁창 (1:6-8)

        a3. 뭍 (1:9-13)

    b. 각 영역의 주관자를 세우신 하나님 (1:13-2:4)

        b1. 해와 달과 별 (1:14-19)

        b2. 새와 물고기 (1:20-23)

        b3. 짐승과 사람 (1:24-2:3)

C. 하나님께서 창조하신 사람 (2:4-25)

    a. 하나님의 사람 창조 (2:5-8)

    b. 하나님의 에덴 동산 창조 (2:9-14; 삽입)

    c. 하나님의 명령 (2:15-17)

    d. 하나님의 가정 창조 (2:18-25)

        d1. 여자를 만드신 하나님 (2:18-22a)

        d2. 가정을 만드신 하나님 (2:22b-25)

이 본문 구조를 살펴보면 창 1-2장의 창조 기록은 하나님의 창조선언에 이어 사람의 창조가 주요점인 것을 알 수 있다. 말하자면 1:2-2:3에 기술되고 있는 날짜별 창조는 삽입구로 처리되어 그것이 결코 본문의 주요점이 될 수 없다는 것이다. 또한 2장의 경우도 하나님께서 흙으로 사람을 만들어 에덴동산의 동산지기로 세우시고 가정을 이루게 하셨다는 것이 요점이다. 에덴동산에 대한 기록은 삽입구이기 때문에 역시 본문의 주요 관심점이 될 수 없다. 그러나 1:2-2:3 사이의 삽입절들은 창조 세계에 어떠한 조직과 질서가 있는지를 보여주고 있어서 결코 간과할 수 없는 부분이다. 이 부분을 도표로 그려보면 다음과 같다.[9]

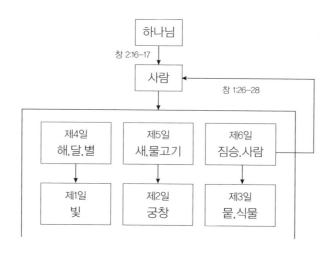

이 도표를 보면 하나님께서는 첫째 날, 둘째 날, 셋째 날에는 일정한 영역을 창조하신다. 그리고 넷째 날, 다섯째 날, 여섯째 날에는 각각의 영역에 주관자를 세우신다. 따라서 해와 달과 별은 빛을 주관하고("마샬", משׁל) 새와 물고기는 궁창을 주관하며, 짐승과 사람은 뭍을 주관하며, 채소와 과목을 먹고 살게 하셨다.[10] 그러나 제 6일에 하나님께서는 사람을 끌어올려 하나님이 지으신 모든 만물("콜 츠바암", כל-צבאם)을 다스리도록 하셨다. 하나님께서는 이를 위하여 사람을 그의 형상대로 창조하셨다. 고대 근동 세계에서는 백성을 통치 하는 왕을 "벨"의 형상,

---

9 손석태 『창세기 강의』, 27.

10 시편 136:8-9에서 시인은 "해로 낮을 다스리게 하신 분께" 혹은 "달과 별들로 밤을 다스리게 하신 분께" 감사하라는 말을 한다. 여기서 "다스리다"는 말은 히브리어 "메므샤라"(ממשׁלה)를 쓰고 있는데 이는 "권위"(authority), "통치"(dominion), 혹은 "군사력"(military forces) 등의 의미로, 하나님께서 1-3일과 4-6일 사이에 주관자와 피주관자의 관계를 설정하셨음을 보여준다.

"마둑"의 형상, "르"의 형상 등 신의 형상이라고 하였다.[11] 이는 곧 하나
님께서 사람을 왕처럼 다스리는 존재로 창조했다는 의미이다. 이러한 사
실을 염두에 두고 이 도표를 보면 하나님께서 창조하신 세계는 위로는
창조주 하나님이 계시고, 그 다음에 하나님을 대신하여 하나님께서 창조
하신 피조물을 다스리는 대리 통치자인 사람이 있고, 사람의 통치권 아
래에 하나님의 피조물이 있어 권위와 통치의 체계를 형성하고 있음을 알
수 있다. 이와 같은 구조는 우리가 고대 근동 세계의 국제정치 세계에서
흔히 볼 수 있는 종주(suzerain)와 속주(vassal)의 봉건 군주 관계에서
볼 수 있는 체제이다. 강대국 대왕인 종주가 약소국 소왕을 자기의 속주
로 삼아 계약을 맺고, 종주인 자신을 대리하여 속주가 신민을 통치하게
하는 것이다. 그런데 하나님과 사람과 만물의 관계도 이러한 종주와 속
주와 신민의 관계와 서로 유사성이 있음을 알 수 있다. 말하자면 하나님
과 사람과 만물의 창조 세계에는 종주와 속주의 계약관계(covenantal
relationship)가 있다고 말할 수 있는 것이다. 하나님은 종주이시고 사
람은 하나님의 형상대로 창조된 속주이다. 하나님은 사람에게 그를 대신
하여 만물을 다스리는 권위를 부여하시고, 대신 사람에게 선악을 알게
하는 나무의 실과를 따먹지 말라는 복종의 의무를 요구하여 창조주로서
의 권위와 위엄을 선포하셨다(2:16-17). 이러한 종주와 속주의 계약관계
는 속주가 종주에게 복종하고 그에게 지워진 의무를 성실하게 수행하고
충성할 때는 문제가 없지만, 속주가 복종을 거부할 때 그는 반역자가 되
고, 그와 계약적 연대성을 가진 그의 백성은 다 같이 종주에 의하여 진

11 신약 성경에서는 그리스도를 가리켜 "하나님의 형상"(고후 4:4), 혹은 "보이지 않
는 하나님의 형상" (골 1:15)이라고 말한다. 아울러 사람에 대하여도 "남자는 하나님의 형
상과 영광"이라고 말하고 여자는 남자의 영광이라고 말한다. 또한 사람을 "그리스도의 형
상"(롬 8:29) 혹은 "(그리스도와) 같은 형상(고후 3:18)으로 변할 것이라고 말한다. 이 같
은 언급은 다 같이 우리 사람들의 내면적 속성을 가리키는 말이다. V. Hamilton, 『오경개
요』, 32. G. J. Wenham, 『모세오경』(서울: 성서유니온, 2007), 47-48.

멸 당하게 된다. 아담의 불순종이 온 인류에게 하나님의 진노와 심판을 가져오게 된 원인도 이 같은 계약적 저주 때문이다. 그러므로 이러한 계약적 연대성 때문에 새 아담이신 그리스도의 온전한 순종은 그의 계약적 대표성 아래 있는 모든 사람들에게 생명을 가져다주게 되는 것이다 (롬 5:17-18). 우리는 이 같은 창조세계의 질서와 조직과 그 해석을 시편 8편을 통하여 확인할 수 있다.

"주님의 손가락으로 만드신 주님의 하늘과 주께서 자리를 정하신 달과 별들을 내가 봅니다. 사람이 무엇이기에 주께서 그를 생각하시며 인자가 무엇이기에 주께서 그를 돌보십니까? 주께서 그를 하나님보다 조금 못하게 하시고 영광과 존귀로 관을 씌우셨습니다. 주께서 그로 주님의 손으로 지으신 것을 다스리게 하시고 만물을 그의 발아래 두셨으니, 곧 모든 양 떼와 소 떼와 들짐승과 하늘의 새와 바다의 물고기와 물길 따라 다니는 것들입니다." (시 8:3-8)

본문에서 시편 저자는 하나님께서 지으신 천지 만상을 바라보며 이 창조의 세계에는 하나님과 사람, 그리고 만물들 사이에 분명한 질서가 있다는 것을 깨닫는다. 하나님께서는 자기보다 조금 못하게 사람을 창조하시고 그에게 영광과 존귀로 왕관을 씌우시고, 그가 만든 모든 피조물을 다스리는 권세를 주셨다. 하나님께서 만드신 모든 피조물들, 곧 온갖 짐승들, 하늘의 새, 바다의 물고기들을 인간의 발 아래 두시고 그들의 통치권을 위임하신 것이다. 이것이 우리 인간을 향한 하나님의 은혜이며, 특별한 배려이고, 돌보심이다. 시편 저자는 이 질서를 하나님의 창조의 아름다움이라고 했다. 따라서 시편 8편은 창세기 1-2장의 해석이라고 할 수 있다. 또한 이를 통하여 우리는 하나님과 사람과 만물 사이의 계약 관계를 유추할 수 있다.

3) 하나님께서 창조하신 사람

　하나님의 창조 세계에서 사람의 위치는 특별하다. 창조 기사에서 사람에 대한 언급이 핵심을 이루고 있는 것과 같이 창조 세계의 조직과 질서를 나타내는 도표 가운데서도 인간은 하나님과 그의 피조물의 중간에서 위로는 하나님을 섬기며 아래로는 하나님의 피조물을 통치하고 관리하는 특별한 사명을 가진 존재이다. 사람은 동물과 같이 여섯째 날에 창조되어 그 본질상 동물적이다. 그러나 하나님께서는 그를 하나님의 형상대로 창조하여 만물을 통치하는 그의 속주로 세우셨다. 따라서 사람은 그의 기능상 왕과 같은 통치 기능을 가진 하나님의 형상이다.[12] 이 점은 분명 다른 피조물과 구별되는 점이다. 이러한 점 때문에 사람을 동물의 부류로만 생각해서는 안 된다. 사람은 동물적이지만 하나님의 형상을 가진 존재이며, 하나님의 생명의 호흡을 받은 생명체라는 점에서도 특별하다(2:7). 바로 이러한 특별한 점 때문에 사람은 하나님과 교통을 할 수 있는 존재이며, 위로는 하나님을 섬기며 아래로는 하나님의 피조물을 다

---

　12 일반적으로 창조 시 사람 안에 있었던 하나님의 형상이란 지식이나 생각이나 행동에 있어서 (1)하나님과 같은 능력을 가진 인격적이고 자의식적인 영 혹은 혼으로서의 존재, (2)타락으로 말미암아 잃었지만 그리스도 안에서 점진적으로 회복되고 있는 도덕적으로 올곧음, 혹은 그 품성(엡 4:24; 골 3:10), (3)환경에 대한 통치, (4) 우리가 현실을 체험하고, 우리 자신을 표현하며, 통치권을 행사하는 도구로서의 우리 인간의 몸, 그리고 (5)영생을 위하여 하나님께서 주신 능력 (God given capacity) 등을 말한다. 인간의 타락은 아담과 하와 뿐만 아니라 그 후손인 모든 인간에게서 하나님의 형상을 감소시켰다. 그리하여 우리는 오직 구조적인 형식으로 그 형상을 지닌다. 그러나 현재는 우리가 죄의 종이요, 하나님의 거룩하심을 반사할 능력을 행사할 수 없기 때문에 우리는 기능적으로 약화된 하나님의 형상을 지니고 있다고 할 수 있다. 중생은 우리의 삶 속에서 하나님의 도덕적인 형상을 회복하는 과정의 출발이다. 그리하여 우리는 완전히 성화되고 영화의 단계에 이를 때에야 비로소 우리의 생각과 행동은 우리가 처음 창조될 때와 같이 그리고 성육신 하신 하나님의 아들이 인간으로 실제 행하셨던 것과 같이 하나님을 온전하게 반영하게 될 것이다(요4:34; 5:30; 6:38; 8:29,46). Cf. "The Image of God," *The New Geneva Study Bible*, 9.

스리는 왕과 같은 존재이다. 그래서 하나님의 창조 세계는 사람을 중심으로 항상 위로는 하나님, 아래로는 만물이 있어야 한다.

사람의 사명은 종주이신 하나님의 속주로서 하나님께서 지으신 만물을 다스리는 것이다. 창 2:19-20은 아담이 모든 생물에게 이름을 지어주고 있는 모습을 기록하고 있는데 이는 분명 1:28의 하나님의 명령에 따라 각양의 생물들에게 창조주와 동일한 권위를 가지고 그들에게 존재의 의미를 부여함으로써 그의 통치권을 행사하는 장면이라 할 수 있다.[13] 그리하여 아담이 각 생물을 일컫는 바가 곧 그의 이름이 되었다(2:19). 아담은 땅 위에서 하나님을 대신하여 창조주로서의 역할을 수행하고 있는 것이다. 뿐만 아니라 창 2:15에서 하나님께서는 사람을 에덴동산에 두시고 "경작하고 지키라"고 명하신다. 여기서 히브리어는 "에베드"(עבד)와 "샤마르"(שמר)가 사용되고 있다. "에베드"(עבד)는 "섬기다, 경작하다"는 뜻이다. 여기서 "섬기다"는 말은 주종 관계로서의 섬기다는 의미라기보다는 "돌보다"로 이해해야 한다. 사람은 하나님의 동산을 경작하고 섬기는 자, 곧 돌보는 자이다. 따라서 사람은 하나님의 명을 받아 하나님께서 지으신 피조물을 다스리고, 돌보고, 지키는 자이다.[14]

하나님께서는 사람이 이러한 사명을 잘 수행할 수 있도록 돕는 배필을 주셨으며, 사람에게 복을 주시어 생육하고 번성하여 땅에 충만하도록 하기 위하여 여자를 만들어 가정을 이루게 하셨다.

이 창조의 기사를 살펴볼 때, 창조의 주체는 물론 하나님이시지만 가장 관심을 갖고 다루는 주인공은 사람이다. 하나님께서는 사람을 창조하시되 그의 형상대로 창조하시고, 그가 지으신 모든 피조물의 통치권을 사람에게 위임하신다. 여기서 우리는 하나님과 사람 사이에 종주

13 E. J. Young, Genesis 3:17. 셈족어에서는 어떤 것의 이름을 짓는 것은 그의 본성 (essential nature) 특성(Characteristic)을 인식하고 구별하는 것이다.

14 V. Hamilton, *The Book of Genesis, Chapter 1-17*, NICOT (Grand Rapids:Eerdmans, 1990), 171.

(Suzerain)와 속주(Vassal)의 원시적인 계약관계가 있음을 알 수 있고, 종주인 하나님께서는 속주인 사람에게 선악을 알게 하는 나무의 실과를 따먹지 말라고 명하심으로 종주와 속주 간의 질서를 세우시는 것을 볼 수 있다. 따라서 하나님-사람-만물의 질서는 우리 인간이 본질적으로 지켜야 할 창조 규정이다.[15] 이 관계는 생명처럼 귀중하다. 사람은 이 관계를 지켜야하는 존재이다. 하나님-사람-만물의 이 권위 체계는 하나님께서 이 세상을 창조하시고 다스리시는 원리이다. 인간은 결코 하나님이 아니고 자연 만물을 섬기고 사는 존재도 아니다.

하나님께서는 이러한 창조와 질서를 세우는 모든 일을 그의 말씀으로 이루셨다. 따라서 하나님의 말씀은 하나님의 창조의 주체이시면서, 동시에 하나님의 창조의 도구라고 할 수 있다. 하나님께서 말씀으로 창조하신 세계는 완벽한 질서를 이루고 있었고 하나님께서는 이러한 모습을 보시고 심히 기뻐하셨다. 말씀으로 창조된 세상은 질서와 조화가 있는 완벽한 세상이었다.

15 렘 31:35-36; 33:20,21,25. Cf. 손석태 『창세기 강의』, 『목회를 위한 구약신학』, 170.

제2장

말씀과 타락

하나님께서 말씀으로 창조하신 이 세상은 하나님께서 보시기에 좋았다. 하나님-사람-만물의 이 질서는 모든 것이 다 하나님의 뜻대로 자리를 잡고, 하나님의 섭리대로 운행되어 갔다. 그러나 하나님께서 만드신 이 동산에 반역의 역사가 시작되고 있었다. 아담의 아내, 하와가 뱀의 유혹을 받아 하나님의 말씀에 불순종한 것이다.

1. 하나님의 말씀에 불순종한 아담

하나님의 말씀은 창조에 있어서 창조의 주체이자 창조의 도구였다. 하나님께서는 말씀으로 그가 보시기에 좋은 세상을 만드셔서 사람에게 모든 통치권을 위임하셨다. 사람은 자기의 종주인 하나님의 말씀에 절대적으로 복종하며, 아래로는 하나님께서 맡기신 만물을 잘 다스리고 가꾸고 살아야 하는 존재였다. 그러나 첫 사람, 아담은 그렇지 못했다. 그는 하나님의 말씀을 경외하고 순종하며 살지 못하고, 사단이 사람을 유혹하기 위하여 그의 도구로 사용하는 뱀의 말을 따라 선악을 알게 하는 나무의 실과를 따먹고 만다.[16] 선악을 알게 하는 나무의 실과를 따먹은 여자와 뱀의 대화를 살펴보면 아담의 아내, 하와의 말씀에 대한 태도와 그 죄의 본질을 이해할 수 있다.

첫째로 그는 하나님의 말씀을 자기 임의로 삭제하고 있다. 하나님께서는 일찍이 아담에게 자기를 대신하여 그가 만든 피조물을 다스리라는 사명을 주시며, "그 동산의 나무에서 나는 모든 것을 자유롭게 네가 먹을 수 있으나 선과 악을 알게 하는 나무의 열매는 먹지마라. 네가 거기서 나는 것을 먹는 날에는 반드시 죽을 것이다."는 경고를 하셨다. 하나

---

16 성경에서 뱀은 생명이나 지혜나 무질서(욥 26:12, 13; 사 27:1) 등을 상징한다. 여기서 뱀은 사단이 성육신 한 것으로 일종의 사단의 하수인으로 하나님을 대적하는 자 (Adversary)이다.

님께서는 동산의 모든 나무의 열매를 자유롭게 먹어도 된다고 허락하셨다. 그러나 여자는 뱀이 "하나님께서 참으로 너희에게 동산 나무에서 나는 모든 것을 먹지 말라고 말씀하셨느냐?"고 물었을 때 "동산에 있는 나무 열매를 우리가 먹어도 되지만 동산 중앙에 있는 나무의 열매에 대해서는 하나님께서 '너희가 죽지 않도록 그것을 먹지도 말고 만지지도 마라.'고 말씀하셨다."고 말한다. 뱀은 여자에게 "참으로"(אף)라는 말을 사용하여 하나님께서 이러한 불합리한 말씀을 정말 하셨는지 그 진위를 묻고 있는데 사실 이는 이 여자의 입을 열기 위한 뱀의 고단수 전략이라고 할 수 있다. 뱀은 이 여자가 좋든 싫든 입을 열어 대답을 하지 않을 수 없는 상황으로 이끈 것이다. 그런데 이 여자는 임의로 하나님의 말씀을 삭제하고 있다. 2절에서 여자는 "동산 나무의 열매"가 아니라 "동산 각종 나무의 실과"라고 이야기 했어야 했다. 성경의 히브리어 원문은 "동산 나무의 모든 것으로부터"(מכל עץ-הגן)라고 기록되어 있다. 여기서 중요한 것은 하나님께서 동산 나무의 모든 열매를 먹도록 허락하셨다는 것이다. 그러나 여자가 말하는 것처럼 단순히 "동산 나무의 열매"라고 말하는 것은 너무 막연하다. 그것이 무슨 열매인지, 어떤 나무의 열매인지 알 수 없다. 뿐만 아니라 하나님께서는 동산에 나무 한 그루를 세워놓고 그 나무의 열매를 따먹지 말라고 했다면 그 하나님이야말로 잔인한 분이고 비난을 받아야 마땅하다. 그러나 하나님께서는 동산 모든 나무의 실과는 다 먹어도 좋다고 하셨다. 하나님의 은혜와 풍성함이 여기에 있다. 그런데 여자는 하나님께서 말씀하신 중요한 어휘 하나를 자기 마음대로 삭제하고 있다.

둘째로 그는 하나님의 말씀을 자기 임의로 추가하고 있다. 여자의 말가운데 "만지지도 마라"는 말은 하나님께서 하신 말씀이 아니다. 여자가 자의적으로 첨가한 말이다. 아마도 이 여자의 말은 "먹지마라"는 말을 강조하기 위하여 이 말을 첨가했을지도 모른다. 그러나 하나님의 말씀을 자유롭게 첨가하는 것은 옳지 않다.

셋째로 그는 하나님의 말씀을 자기 뜻대로 해석한다. 하나님께서는 "네가 거기서 나는 것을 먹는 날에는 반드시 죽을 것이다"(2:17)고 말씀하셨다. 여기서 히브리어는 절대 부정형 "못 타못"(מות תמות)을 써서 죽음을 강조하고 있다. 즉 반드시 죽는다는 것이다. 그런데 여자는 "너희가 죽지 않도록 그것을 먹지도 말고 만지지도 마라"고 말한다. 히브리어 "펜-테무툰"(פן-תמתון)을 NIV나 NET 등에서는 "or you shall die"(그렇지 않으면 너희는 반드시 죽을 것이다. 의미상으로 '내가 너를 죽일 것이다.')라고 번역하지 않고 "or you will die"(그렇지 않으면 너희는 죽을 것이다. 의미상으로 '너희는 죽지 않을 수도 있다.')라고 번역한다. 개역성경은 "너희가 죽을까 하노라."고 번역하고 있다. 이 같은 번역들은 하나님께서 먹지 말라고 명한 실과를 먹었을 때 안 죽을 수도 있다는 가능성을 열어놓은 말이다. 하나님의 말씀은 항상 "예"나 "아니요"가 분명하다. 사람이 자기 뜻대로 해석할 수 있는 여지를 남기지 않는다. 그런데 이 여자는 죽을 수도 있고 죽지 않을 수도 있다는 식으로 하나님의 말씀을 해석하고 말한다. 성경을 자의적으로 해석하면 하나님의 의도와는 다른 결과를 낳게 되며 결국은 이단으로 빠지기 쉽다.

그러나 여자는 하나님의 말씀을 자의로 첨가하고 삭제하고 해석하고 있다. 하나님의 말씀은 우리 인간이 이처럼 자기 뜻대로 가감하거나 해석해서는 안 된다. 하나님의 말씀은 하나님께서 선포하신 것이고 따라서 하나님만이 바른 해석을 하실 수 있다. 성경 해석에 있어서 성령의 조명이 필요한 이유가 여기에 있다.

뱀은 여자의 약점을 간파하고 "너희가 결코 죽지 아니 할 것이다."고 단언한다. 하나님께서는 "정녕 죽을 것이다"고 말씀하셨는데 뱀은 "결코 죽지 아니할 것이다."라고 말한다. 그리고 그 실과를 따먹으면 하나님과 같이 될 수 있으리라는 암시를 한다. 하나님의 창조주로서의 절대적인 주권을 상대화 하고 여자의 교만심을 충동질하여 하나님과 경쟁하고 겨루도록 유도한다. 인간은 하나님이 창조한 세계의 주인이 아니고 하나님으로부터 그의 통치를 위임 받은 하나님의 대리인이요 하수인이다. 그래서 인간은 본질적으로 하나님과 같지 않고, 같을 수도 없다. 그러나 뱀의 유혹을 받은 인간은 하나님과 같이 될 수 있다는 허황된 망상에 사로잡혀 결국 금기의 열매를 따먹고 만다. 하나님의 말씀과 권위를 무시한 것이다.

그러나 이 경우 아담과 하와의 행위는 단순히 하나님을 무시한 것이 아니었다. 그것은 그의 종주에 대한 속주의 반역이요 배신이자 반란이었다. 하찮은 속주가 그의 종주의 권위를 짓밟아 버리고 모욕한 것이다. 이 때 종주가 속주의 반란을 보고만 있다든지 눈감아 준다면 그 종주는 종주로서의 자격이 없고 무기력한 것이다. 종주는 반역한 속주를 문책하고 그에 따른 준엄한 처벌을 내릴 수밖에 없는 것이다.

2. 하나님의 말씀에 불순종한 세상

하나님을 반역한 인간은 결국 하나님의 심판을 받고 죽음을 면할 수 없었으며, 아담의 대표성 아래 있는 모든 하나님의 창조물도 아담과 함께 하나님의 심판 아래에 있게 되었다. 비록 하나님의 피조물들이 아담과 같은 반역을 하지 않았을지라도 하나님과 아담과 피조물 사이의 언약 관계는 피조물이 아담의 범죄에 대한 죄짐을 함께 지도록 요구하는 것이다. 그래서 바울은 이 같은 언약적 연대성에 대하여 다음과 같이 해석하고 있다.

"한 사람의 범죄로 많은 사람이 죽었으나…" (롬 5:15)
"심판은 한 사람을 말미암아 정죄에 이르렀으나…" (롬 5:16)

"한 사람의 범죄로, 사망이 그 한 사람으로 말미암아 다스렸다면…" (롬 5:17)

"한 범죄로 말미암아 모든 사람이 죄인이 된 것 같이…" (롬 5:18)

"한 사람이 순종치 아니함으로 많은 사람이 죄인이 된 것 같이…" (롬 5:20)

여기서 "한 사람"이란 아담을 가리키는 말이다. "한 사람 … 많은 사람"은 셈족어 표현이다. "많은 사람"은 히브리어나 아람어에서 포괄적인 의미를 갖는다. "셀 수 없는 많은 사람", "많은 무리", "모든"의 뜻을 가지며, "모든"과 동의로 사용되고 있다.[17] 아담의 불순종으로 말미암은 범죄는 아담 한 사람의 문제가 아니며, 이는 아담의 범죄가 아담과 언약적 연대성 가운데 있는 모든 사람에게 똑같이 적용된다는 말이다. 말하자면 모든 사람이 죄를 범하였다는 말은 모든 사람이 아담과 똑같은 불순종의 죄를 지었다는 말이 아니라 언약적 대표성을 가진 아담과의 연대적 관계 때문에 아담과 함께 죄인이 되고 아담과 함께 죽게 되었다는 의미이다. 이는 롬 5:14에 "아담으로부터 모세에 이르기까지 아담의 범죄와 같은 죄를 짓지 않은 자들에게도 사망이 다스렸으니 아담은 오실 분의 모형이었다."라는 말씀을 통해 그 의미가 분명히 드러난다. 하나님 앞에 모든 피조물을 대표하는 아담이 범죄하였으므로 결국 모든 피조물도 아담과 함께 범죄하고 아담과 함께 사망에 이르게 되었다는 것이다. 기독교의 원죄의 개념은 바로 이러한 언약적 연대성으로부터 연유한 것이다. 아담 이후의 역사를 보면 이 같은 사실은 더 분명해진다.

아담의 반역 이후 창세기 4장에서는 최초의 살인 사건이 벌어진다.

17 C. E. B. Cranfield, *A Critical and Exegetical Commentary on the Epistle to the Romans, Vol. 1.* Romans 1(ICC)(London; New York: T&T Clerk, 1975), 274. 제임스 던, 『로마서 1-8』 WBC 38 상, 김철, 채천석 옮김 (서울: 솔로몬, 2003), 501.

그것도 하나님께 예배하고 제사하는 문제로 형제간에 칼부림이 생긴 것이다. 가장 거룩하고 경외로운 하나님 앞에서, 가장 가까운 형제 간에, 가장 무서운 살인 사건이 일어난 것이다. 창세기 5장은 아담의 후예들에 대한 계보이다. 이들은 모두 우리가 상상하기 어려울 만큼 장수했다. 그래도 그들은 결국 죽었다. 모든 아담의 후예들에 대한 기사는 "살고 죽었다"(וימת ... ויהיו)라는 말로 맺고 있다. 하나님의 말씀을 거역한 인간은 결국 죽을 수밖에 없다. 또한 아담과 언약적 연대성을 가진 이 세상은 노아 시대에 이르러 홍수 심판을 받고 다 진멸된다. 하나님의 말씀대로 사람과 그의 언약적 연대성 아래 있는 모든 피조물이 함께 다 멸망당한 것이다.

이 같은 연대적 책임은 구원에 있어서도 같은 원리가 적용된다. 하나님께서는 하나님의 말씀에 대한 아담의 불순종으로 초래된 창조 세계의 무질서와 타락을 회복하기 위해 새 하늘과 새 땅을 창조하시고자 하셨다. 그래서 새 하늘과 새 땅에 아담을 대신한 속주, 곧 둘째 아담으로 그의 아들 예수 그리스도를 세우시고, 그리스도께서는 아담과 달리 하나님의 말씀에 죽기까지 순종함으로 새로운 하나님 나라의 언약적 대표자가 되신 것이다. 우리 죄인들은 우리들의 의로운 행위로 구원을 얻는 것이 아니고 다만 믿음으로 그리스도가 대표가 되는 언약적 연대성 가운데 들어가기만 하면 되는 것이다.[18] 그리하면 새 하늘과 새 땅으로 언급되고 있는 하나님 나라의 백성이 될 수 있다.

이상을 정리해보면 하나님께서 창조하신 세계가 타락하게 된 원인은 아담과 그의 아내 하와의 하나님의 말씀에 대한 불순종 때문이다. 하나님께서는 말씀으로 세상을 창조하시고, 말씀으로 세상의 질서를 세우셨다. 그러나 아담은 하나님의 말씀을 거역함으로 하나님께서 세우신 질서를 무너뜨리고 결국 온 세상을 하나님의 심판으로 몰아넣었다. 이러한

18 손석태 『창세기 강의』, 66-69.

과정을 볼 때 우리는, 인간의 타락과 세상에 대한 하나님의 심판이 하나님의 말씀과 깊은 연대관계가 있는 것을 알 수 있다.

제3장

말씀과 구원

하나님의 말씀에 대한 아담의 불순종의 결과는 아담과 언약적 연대성 가운데 있는 모든 하나님의 피조물에게까지 미치게 되었다. 하나님께서는 아담을 불러 그의 죄를 문책하시고, "너는 흙이니 흙으로 돌아가라"는 죽음의 메시지를 선포하신다. 따라서 창세기 5장은 아무리 인간이 오래 살지라도 결국 인간은 모두 죽는다는 것을 보여준다. 뿐만 아니라 사단이 인간의 마음속에 뿌려놓은 하나님께 대한 반역의 씨는 하나님께 대한 적대감뿐만 아니라 가족 간이나 그 이웃 사이도 온통 적대감으로 오염시켜 하나님께서 지으신 세상은 그 질서가 파괴되고 사람들은 더 이상 하나님의 말씀대로 살려고 하지 않게 되었다. 결국 하나님께서는 "나의 영이 영원히 사람들과 함께 하지 않을 것이니 이는 그들이 육체가 되었기 때문이다. 그의 날은 백 이십 년이 될 것이다."(창 6:3).[19] 라고 선언하신다. 인간은 육체만 가진 존재가 아니다. 하나님께서 생명의 호흡을 그 코에 불어 넣어 하나님의 형상과 모양으로 창조된 존재, 하나님의 대리 통치자의 사명을 가진 존재이다. 그러나 이들은 하나님께서 주신 인간으로서의 존엄성과 사명을 저버리고, 동물적인 본능에 탐닉하여 먹고 마시고 장가가고 시집가는 일에만 몰두하면서(마 24:37-39), 결국은 그의 존재의 의미를 상실한 자들이 된 것이다. 하나님께서는 그의 영이 더 이상 이들과 함께 할 수 없다고 선언하신다. 이제 하나님께서 이러한 세상에 대하여 하실 수 있는 일은 홍수로 쓸어버리는 것이었다. 창세기 6-9장은 하나님의 말씀을 무시하고 살아가는 세상에 대한 하나님의 홍수 심판을 기록하고 있다. 하나님께서는 그가 "명하신 대로 다 준행한 노아"(창 6:22; 7:5)와 그 가족을 제외한 모든 생물을 다 진멸하신다. 하나님께서는 노아의 후손을 통하여 새로운 역사를 시작하신다. 이는 단순한 고대 인류 역사에 대한 기록만이 아니고, 노아의 홍수 사건이 앞으

---

19 Kenneth A, Mathews, *Genesis 1-11:26.* NAS (Nashville: Broadman & Holman, 1996), 332-4.

로 다가올 불 심판의 모형이라고 가르치고 있는 것이다.

"그들은 하나님의 말씀으로 하늘이 옛적부터 있었고 땅은 물에서 나와 물로 형성된 것과 그때 세상은 물이 넘쳐서 물로 망하였다는 것을 일부러 잊으려 한다. 그러나 지금의 하늘과 땅은 불사르기 위해 동일한 말씀으로 간수되어 경건하지 않은 자들의 심판과 멸망의 날까지 보존된 것이다." (벧후 3:5-7)

이 말씀의 핵심은 첫째로 하늘과 땅이 말씀으로 창조되었다는 것과 둘째로 그 하늘과 땅이 심판과 멸망의 날에 말씀으로 불사르기 위하여 보존되고 있다는 것이다. 말하자면 노아 때에는 물로 심판을 받아 멸망되었지만 최후 심판 때에는 불로 심판을 받아 멸망된다는 것이다.[20] 따라서 창조도 말씀에 의한 것이고 멸망도 말씀에 의한 것임을 알 수 있다. 하나님께서는 처음과 끝을 말씀으로 맺으시는 분이다. 이 말씀에 따르면 지금 우리가 살고 있는 이 세상은 불 심판을 위하여 잠시 보존되어 있는 것이다. 하나님께서 물 심판과 불 심판 사이에 구원의 역사를 시작하신다. 말할 것도 없이 이 구원의 역사도 말씀으로 이루실 것이다.

하나님께서는 아담의 반역 이후 바로 아담을 대신한 언약적 대표자를 세우고 새로운 백성을 모아 새로운 왕국을 건설하시려는 계획을 세우신다. 이 언약적 대표자는 철저하게 하나님의 말씀을 순종함으로 하나님의 말씀을 불순종하여 멸망하게 된 아담과 그의 대표성 아래 있는 모든 피조물을 구원하는 자가 될 것이다. 또한 이 세상이 말씀으로 창조되고 말씀에 대한 반역으로부터 말미암은 것이기 때문에 이 구원의 역

20 구약성경에서 하나님의 불 심판에 대한 개념은 소돔과 고모라를 비롯하여 곳곳에서 발견된다. 특히 사 66:15-16에는 여호와께서 수레를 타고 불에 옹위되어 회오리바람처럼 강림하신다고 하였다. 뿐만 아니라 신 32:22; 97:3; 사 30:30; 겔 38:22; 암 7:4; 습 1:18; 말 4:1에서도 같은 개념이 발견된다.

사도 말씀으로 이루어질 것은 자명한 일이다. 이 세상은 다시 한 번 여호와의 말씀이 통치하는 세계가 되며 하나님의 말씀에 불순종하던 인간이 하나님의 믿음을 경외하고 순종하게 될 것이다. 그때는 여호와의 말씀에 권위가 서고, 창조의 능력이 과시되며, 창조의 질서가 새롭게 형성될 뿐만 아니라, 온 땅에 여호와의 말씀이 충만하게 될 것이다. 하나님께서는 이러한 그의 계획과 꿈을 그의 선지자들을 통하여 예고하시고, 사람들은 그러한 세상을 기대하며 살도록 하셨다. 그리고 하나님께서는 이 비전을 역사를 통하여 이루어 가신다.

1. 하나님의 비전

하나님께서는 앞으로 다시 회복할 세상의 모습을 그의 선지자들을 통해 그의 백성들에게 보여주신다. 종말론적인 비전이다. 하나님께서는 이 비전을 향하여 역사를 이끌어 가시고, 이 비전을 이루실 준비를 하시며, 그가 정하신 때에 비전을 이루신다. 우리는 하나님께서 이루시고자 하시는 그 비전이 어떤 것인지 살펴볼 필요가 있다. 특히 선지서들 가운데 여호와 하나님께서 종말에 이루실 비전이 잘 나타나 있다.

1) 이사야 11:1-9

이사야서 11장의 말씀을 보면 새로운 언약적 대표자인 메시아의 모습(1-5)과 그 메시아가 이루실 세상의 모습(6-9)을 묘사하고 있다. 하나님께서 보내고자 하시는 메시아는 이새의 줄기에서 나오게 될 것이며, 여호와의 영[21]이 그 위에 있어서 그는 여호와를 경외하는 것으로 즐거움

---

[21] 여기서 여호와의 영은 지혜와 총명의 영, 모략과 재능의 영, 지식과 여호와를 경외하는 영이라고 부연하고 있다. 히브리어 "에차"(עצה)라는 어휘는 여기서 "모략"이라는

을 느끼며, 공의와 정의로 세상을 재판할 것이다. 그는 특히 말씀의 권위와 능력이 있으신 분이셔서 입의 막대기와 입술의 기운으로 세상을 치며, 악인을 죽인다고 하였다. 여기서 "막대기"라고 번역하고 있는 히브리어 "쉐벳"(שבט)이라는 말은 양치기가 호신용이나 양 몰이하는 데 사용되는 지팡이(레 27:32), 선생이 학생들을 지도할 때(삼하 7:14) 쓰는 회초리 등을 의미하나 왕의 권위를 나타내는 홀(scepter)을 의미하기도 한다. 따라서 이곳에서 "그 입의 막대기"라 함은 메시아의 말씀에 대한 권위를 의미하는 뜻이다. 또한 "그 입술의 기운"이라고 할 때 "기운"이라는 말은 "바람"이나 "영" 혹은 "호흡"(breath) 등을 의미하는 "루아흐"(רוח)를 사용하고 있다. 메시아의 입에 있는 기운은 세상의 악인을 죽이는 능력이 있다. 따라서 그의 입의 막대기와 기운은 그의 말씀의 권위와 능력을 의미한다. 메시아는 그의 말씀으로 세상을 심판하시고 새로운 세상을 만드실 것이다.

"그 때에 이리가 어린 양과 함께 살고 표범이 어린 염소와 함께 누우며

말 보다는 "상담자" 혹은 "기획자"라는 의미가 문맥상 적절하다. 하나님은 전 세계와 국가의 흥망성쇠, 인간 개인의 생사화복을 기획하시고 실행하시며 유지 관리하시는 분이기 때문에 악인들이 사익을 위하여 도모하는 잔꾀라는 의미의 "모사"나 "모략"이라는 말보다는 "상담자" 혹은 "기획자"가 더 적절하고 낫다. "여호와를 경외하는 영"이라 함은 여호와의 말씀에 대한 태도를 염두에 둔 것으로 아담을 유혹하여 여호와의 말씀을 무시하게 만든 그 사탄, 곧 뱀 속에서 역사한 그 영과는 대조되는 영을 염두에 둔 표현이라고 할 수 있다. 어떤 사람은 이 예언이 문자대로 이루어질 것이라고 주장한다. 그리하여 천년 왕국이 임하는 때에는 온갖 피조물들이 풀을 뜯으며 적자생존이나 약육강식의 먹이 다툼이 없을 것이라고 말한다. 사 65:25에는 사자가 풀을 먹게 될 것이라고 적고 있다. 그러나 성경은 저자 자신이 비유나 은유를 사용하여 독자들의 이해를 돕게 하는 경우가 많다. 본문도 이 예언이 문자 그대로 이루어진다는 의미보다는 메시아가 통치하는 세상의 평화로운 모습을 하나의 비유적인 그림으로 묘사하고 있는 것이다. John N. Oswalt, *Isaiah : The NIV Application Commentary* (Grand Rapids: Zondervan, 2003),188. Gray V. Smith, *The New Bible Commentary: Isaiah 1-39* (Nashville: B&H Publishing Group, 2007), 271-273.

송아지와 젊은 사자와 살진 짐승이 함께 있어 어린 아이가 그들을 이끌 것이다. 암소와 곰이 함께 먹으며 그것들의 새끼가 함께 누우며 사자가 소처럼 풀을 먹을 것이고, 젖 먹는 아이가 독사의 구멍에서 장난하며 젖 뗀 어린 아이가 독사의 굴에 손을 넣을 것이다. 나의 거룩한 산 모든 곳에서 해치거나 파괴하는 것이 없을 것이니, 마치 물이 바다를 덮음같이 여호와의 지식이 땅에 충만할 것이기 때문이다." (사 11:6-9)

여기서 말하는 "그 때"라는 말은[22] 메시아가 와서 이 세상을 통치하게 되는 때를 의미한다. 그때에는 이리와 어린 양, 송아지와 어린 사자, 암소와 곰, 젖 먹는 아이와 독사 등이 함께 어울려 평화롭게 살게 된다. 이 짐승들은 서로 잡아먹고 먹히는 존재들이다. 그들은 태생적으로 함께 어울려 살 수 없는 약육강식의 운명적인 적대감을 가진 상극적인 존재들이지만 메시아가 통치하는 세상이 되면 이들은 서로의 적대감이 해소되어 한 동산에서 평화롭게 살게 된다. 진정한 평화가 이루어지는 세상이 되는 것이다. 이때에는 여호와의 거룩한 산 모든 곳에서 해됨도 없고 상함도 없을 것인데 이는 물이 바다를 덮음같이 여호와를 아는 지식이 세상에 충만하게 될 것이기 때문이다(9).[23] "여호와를 아는 지식"은 문자대로 번역하면 "여호와의 지식"(דעה)이다. "데아"(דעה)라는 히브리어는 그 어근이 "알다"라는 의미를 가진 "야다"(ידע)로부터 파생한 말이다. 뿐만 아니라 이 어휘는 부부간의 성관계를 묘사하는 "동침하

---

22 마소라 사본에는 "그때에"라는 직접적인 표현이 없으나 "바브"(ו)는 "그때에"라는 의미를 암시적으로 함유한다.

23 이 구절을 문자적으로 해석하고 이해하여 마치 예수님의 천년 왕국이 이루어지면 "이리와 어린 양이 함께 먹으며, 사자가 소처럼 짚을 먹고, 뱀은 흙으로 음식을 삼는" 세상이 올 것이라고 믿으면 안 된다(사 65:25). 만일 이 말씀이 문자적으로 이루어진다면 오히려 상상하기 어려운 혼란과 무질서가 이 세상을 뒤덮을지 모른다. 이 말씀은 비유이다. 도저히 공존하고, 양립할 수 없는 존재들이 서로 적대감을 버리고 함께 사는 평화로운 세상이 올 것임을 예시하는 것이다.

다"는 의미로도 사용되어 인간 사이에 가장 밀접한 관계를 기술하는 말이기도 하다. 따라서 "안다"는 것은 관계를 통하여 알게 되는 지식을 의미한다.[24] 사람은 서로 만나 대화하며 상대방의 생각과 의중을 알아야 상대방에 대한 지식을 가질 수 있고 관계를 가질 수 있다. 마찬가지로 인간이 여호와의 지식을 얻게 되는 가장 중요한 방법은 바로 말씀을 통하여 하나님을 체험하는 것이다. 말씀의 권위와 능력을 체험할 때 사람은 비로소 하나님에 대한 참 지식을 가질 수 있고, 하나님에 대한 참 지식을 가질 때 사람은 하나님께 대한 참된 경외심을 가질 수 있다. 메시아가 통치하는 세상은 여호와에 대한 지식이 온 땅에 충만함으로 하나님의 피조물들 사이에 적대감과 살육이 없는 참 평화가 넘치는 세상이다. 하나님께서는 물이 바다를 덮음 같이 여호와의 지식이 넘치는 세상, 그리하여 이 땅에 하나님의 평화가 임하는 세상을 만들고자 하신다. 이것이 바로 하나님께서 만들고자 하시는 종말론적인 메시아 왕국이다. 즉, 창세기 3:14-19의 하나님의 저주가 제거되고 하나님과 사람과 피조물의 관계가 회복되는 새로운 낙원이 이루어지는 것이다.[25] 이사야는 이러한 비전을 이사야 65:17-25에 다시 언급하고 있다. "보라 내가 새 하늘과 새 땅을 창조할 것이니 이전 것들은 기억되거나 마음에 떠오르지 아니할 것이다." 이사야는 메시아가 오셔서 만드시는 세상을 "새 하늘과 새 땅"이라고 말하고 있다. 그때에는 이리와 어린 양이 함께 먹을 것이고 사자가 소처럼 짚을 먹을 것이며 뱀은 흙으로 식물을 삼을 것이므로 그의 거룩한 산에는 해함도 없겠고 상함도 없게 될 것이다(사 65:25). 하나님께서 이사야를 통하여 보여주시는 종말론적인 비전은 처음과 끝이 동일하며 일관성이 있는 것을 볼 수 있다.[26] 그렇다면 하나님께서는 이러한 비

24 Seock-Tae Sohn, *The Divine Election of Israel* (Grand Rapids: Eerdmans, 1991), 24-26.

25 Garry Smith, Isaiah 1-39, NAC.

26 John N. Oswalt, *Isaiah. The NIV Application Commentary*, 688-689.

전을 어떻게 이루시는가?

2) 이사야 2:2-5

이사야 2:2-5은 11:1-9의 하나님의 비전이 구체적으로 어떻게 실현될 것인가를 보여주는 말씀이다.

> "마지막 날이 올 때에 여호와의 집의 산이 산들 꼭대기에 서고 언덕들 위에 들려지며 모든 민족들이 그리로 모여들 것이니 많은 백성이 오면서 말할 것이다. '오라, 우리가 여호와의 산과 야곱의 하나님의 집으로 올라가자. 주께서 주의 길을 우리에게 가르치실 것이니, 우리는 그 길을 걸어갈 것이다. 이는 율법이 시온에서 여호와의 말씀이 예루살렘에서 나올 것이기 때문이다. 주께서 민족들 사이에서 심판하시고 많은 백성들을 판결하실 것이니 그 때에 그들이 칼을 쳐서 보습을 만들고 창을 쳐서 낫을 만들 것이며, 다시는 나라가 나라를 향하여 칼을 들지 않을 것이고 다시는 전쟁을 배우지 않을 것이다. 야곱의 집이여, 오라. 우리가 여호와의 빛 가운데서 걸어가자.'" (사 2:2-5)

이 말씀은 미가서 4:1-3에도 나온다.[27] 이 비전은 "마지막 날"에 이루어질 일이다. 여기서 "마지막 날"이라고 번역하는 히브리어 "바아하릿 하야밈"(בְּאַחֲרִית הַיָּמִים)이라는 말은 "후일에"(in the latter days)라고 번역하는 것이 더 옳을 것 같다. 이 말은 확정적으로 정해진 어떤 시점을 언급한 것이라기보다는 저자 이사야 시대를 포함한 바벨론 포로기, 예수님의 초림, 그리고 우리가 살고 있는 현재와 영광스러운 종말 등을 포함한 오랜 기간을 의미하는 말이다(렘 23:20; 30:24; 겔 38:8, 16;

---

27 사 14:1-2; 19:20-25; 45:20-23; 49:22-26; 60:1-9 참조.

호 3:5).[28] 이 기간 동안 하나님께서는 모든 역사를 새롭게 하실 것이며, 본문은 그 새로운 역사가 어떤 방향으로 진행되며 어떤 것인가를 보여주고 있다.[29] 후일에 여호와의 집의 산이 모든 산들보다 높이 들려질 것이다. 고대 근동의 세계에서는 그들의 신들이 산에서 거처한다고 믿었다. "여호와의 집"이란 성전을 의미하는 말이다. 따라서 여호와의 성전이 세워진 그 산은 성전 산(temple mount)을 가리키며 이 산이 모든 산 위에 높이 들린다는 것은 여호와의 왕국이 이 세상의 모든 왕국들보다 더 강력한 왕국이 되며, 여호와께서 세상의 어떤 왕보다 더 강하고 위대한 왕이 되어 그의 왕권이 세상 곳곳에 미치게 된다는 것을 의미한다.[30] 결국 이는 여호와께서 세상의 모든 신들보다 뛰어난 신이 되어 그의 권위와 능력으로 모든 신들을 통치하시는 여호와의 초자연적인 승리(a supernatural triumph of the Lord over all gods)를 이야기하는 것이다.[31] 이때에 여호와께서는 민족과 민족을 판결하시고, 많은 백성들을 재판하시는 만유의 재판장이 되실 것이다. 여호와의 전의 산이 모든 산 위에 높이 들려질 때 모든 민족들이 그곳을 향하여 올라가고, 함께 가기를 권유한다. 이들이 여호와의 산에 올라가고자 하는 이유는 여호와께서 친히 그에게 나오는 자들에게 "주의 길"을 가르치시기 때문이요, 여호와의 전에서 율법과 여호와의 말씀이 나오기 때문이다. 여기서 사용되고 있는 율법이라는 말은 이스라엘 백성들이 사용하는 성경을 의미할 뿐만 아니라 그 속에 담긴 인류와 이 세상을 향한 하나님의 뜻을

28 G. W. Buchanan, "Eschatology and the End of Days," *VT* 11(1961) 392–405에는 이 구절에 대한 다양한 해석을 소개하고 있다.

29 시온 산 위에 있는 "여호와의 집"은 성전을 가리키며, 이 성전은 후에 예수 그리스도의 몸을 의미한다(요 2:21).

30 J. Alec Motyer, *The Prophecy of Isaiah: An Introduction & Commentary* (Doweners Gorve: IVP, 1993), 54. J. D. W. Watts, *Isaiah 1–33. Word Biblical Commentary*. Vol 24 (Dallas: Word, 2002), 29.

31 손석태 『목회를 위한 구약신학』(서울:CLC, 2006), 145.

말한다. 여호와는 율법을 가르치는 선생(The Teacher-God)이시고 나라들 사이에 평화와 질서를 세우시고 다스리시는 왕(The King-God)이시며 사람들과 열방 사이를 판결하시는 재판장(The Judge-God)으로 묘사되고 있다. 여기서 시온과 예루살렘은 병행으로 쓰이는 말로서 여호와의 전이 있는 곳, 곧 여호와의 전을 가리킨다. 따라서 이 예언은 후일, 여호와의 왕권이 확립되고, 여호와께서 온 세상을 다스리고 재판하실 때, 세상 만방의 사람들이 여호와의 전으로 말씀과 율법을 받으러 나오는 모습을 그리고 있는 것이다.[32]

이때에 사람들은 칼을 쳐서 보습을 만들고 창을 쳐서 낫을 만들 것이며, 이 나라와 저 나라가 서로 치며 전쟁을 하지 않는다는 것이다. "전쟁을 연습하지 않는다"는 개역성경의 번역은 "전쟁을 배운다"(learn)로 번역해야 옳다. 전쟁무기를 녹여서 농기구를 만들고 다시는 나라 사이에 전쟁이 없는 평화로운 세상이 된다는 것이다. 물론 이러한 평화로운 세상은 세상 사람들이 여호와의 전에 와서 여호와의 말씀을 배움으로 이루어질 일이다.

이 예언의 말씀을 통해서 볼 때, 하나님께서 이루시려는 세상은 말씀이 온 땅에 충만해 더 이상의 갈등과 증오와 전쟁이 없는 평화로운 세상이다. 요한복음 2장 20절을 보면 여호와의 성전이 예수의 몸으로 해석되고 있다. 따라서 여호와의 전의 산이 모든 작은 산들 위에 굳게 선다는 것은 예수 그리스도께서 죽고 부활하심으로 왕 중의 왕이 되시고 만유의 주가 되시며 이 땅에 그의 통치가 이루어지는 것을 말한다. 열방이 여호와의 말씀을 받으러 나오는 모습은 세계 만민이 그리스도께 말씀을 받으러 나오는 모습을 미리 보여준다.[33] 따라서 말일에 하나님께서 이루

---

32 이사야의 이러한 비전은 14:1-2; 19:19-25; 45:22-23; 49:26; 56:6-7; 60:1-14; 66:18-21에서도 찾아볼 수 있다.

33 사도바울은 "하나님을 아는 지식"을 "예수 그리스도를 아는 지식"이라고 일컬으며, 이 고상한 지식을 얻기 위하여 모든 것을 잃어버리고 배설물로 여겼다고 말한다(빌 3:8).

시고자 하는 세상은 세계 만민이 그리스도께 나아와서 말씀을 받고 온 땅에 물이 바다를 덮음 같이 하나님을 아는 지식이 차고 넘쳐서 이 땅에 완전한 평화가 정착되는 세상이다.

3) 에스겔 47:1-12

에스겔 47장에도 이와 같은 비전을 보여준다. 그러나 이 경우는 물이 성전 문지방에서 흘러나와 온 땅을 적시고, 강을 이루어 바다에 이르러 온 세상을 새롭게 하고 살린다.

"보아라, 그 성전의 앞이 동쪽을 향하고 있었는데 물이 그 성전 문지방 아래에서 동쪽으로 흘러나오고 있었다. 그 물은 그 성전의 남쪽 문지방 아래 곧 제단 남쪽으로 흘러 내려가고 있었다. ... 그 강물이 들어가는 곳마다 모든 생물이 번성하며 살게 되니, 물고기가 매우 많을 것이다. 이는 이 물이 들어가면 바닷물이 치유되고, 강물이 들어가는 곳에서는 모든 것들이 살 수 있기 때문이다. ... 그 강 이편과 저편 둑에는 온갖 과일나무가 자랄 것이니, 그 잎사귀는 시들지 않고 그 열매도 그치지 않을 것이다. 그것이 매달 새 열매를 맺을 것인데, 그 물이 성소에서 나오기 때문이다. 그 열매는 음식이 되고 그 잎은 치료제가 될 것이다." (겔 47:1, 8-9, 12).

이사야 2장과 달리 에스겔에서는 성전에서 물이 흘러나온다. 성전 문지방에서 흘러나오는 물은 점점 그 수위가 높아져 강물이 되고, 그 강물이 흘러 들어가는 곳마다 생물이 번성하여 살아난다. 물고기가 살아나고, 강둑에는 온갖 과일 나무가 열매를 맺게 된다. 생명이 소생하는 역사가 일어난다. 이는 마치 에덴동산에서 발원한 물이 온 세상을 적시고 (창 2:10), 요한계시록 22:1-5에 하나님과 어린양 보좌로부터 흘러나오는 생명수가 만국을 새롭게 하는 비전을 연상케 한다. 성전에서 흘러나오는 물이 죽음의 세력을 물리치고 생명을 살리는 역사를 이루는 것이다.[34] 성전에서 물이 흘러나오는 이미지는 성경 곳곳에서 언급되고 있다. 시편 36:8; 46:4; 욜 3:18; 슥 13:1; 14:8 등이다. 이곳에 언급된 물들도 다 생명을 소생시키고 치료하는 역할을 한다. 성전이 예수님에 대한 모형이라면 성전에서 흘러나오는 물이란 예수님으로부터 나오는 물을 의미하는 것이다. 예수께서는 자신이 영원히 목마르지 않고 사람을 소생시키는 물을 주겠다고 약속하신다. 그는 사마리아 여인에게 "누구든지 내가 주는 물을 마시는 자는 영원히 목마르지 않을 것이다. 오히려 내가 주는 물은 그 사람 안에서 영생에 이르도록 솟아나는 샘물이 될 것이다."고 말씀하셨다(요 4:14). 뿐만 아니라 요 7:37-38에서는 "누구든지 목마른 자는 내게로 와서 마셔라. 나를 믿는 자는 성경이 말한 것 같이 그의 배에서 생수의 강들이 흐를 것이다."고 말씀하셨다. 그리고 요한은 "이것은 그분을 믿는 자들이 받게 될 성령에 대하여 말씀하신 것이다."라고 해석하고 있다(39). 따라서 성전에서 흘러나오는 물이란 예수께서 부활하시고 승천하신 후에 그의 제자들에게 주실 성령을 가리키는 것이다. 성령이 예수께로부터 나온다는 사실은 이사야 2장에서와 같이 말씀이 예수께로부터 나오는 것이나 다를 바 없다. 예수께로부터 말씀이 나와서 물이 바다를 덮음 같이 여호와를 아는 지식이 넘치며, 예수께로부터 성령이 나와서 세상 곳곳에 다다라 차고 넘쳐 만물을 소생하게 하는 것이다. 말하자면 예수께로부터 말씀과 성령이 흘러나오는 것이다. 말씀과 성령이 한 예수님으로부터 나오기 때문에 말씀과 성령은 다 같이 동일한

---

34 손석태 『목회를 위한 구약신학』(서울:CLC, 2006), 145.

일을 한다. 말씀은 성령과 함께 일하고 성령은 말씀을 통하여 일한다.[35] 말씀이 전파되는 곳에 성령이 생명의 역사를 하는 것이다. 성령은 성경에 기록된 그의 진리 안에 내재하며, 말씀에 대한 경외심과 위엄이 주어질 때 성령은 그의 능력을 나타낸다. 하나님의 말씀은 그것을 받는 모든 자에게 비추는 햇빛과 같으나 맹인들에게는 아무런 효력이 없다. 이 점에 있어서 우리는 본래 모두 맹인이다. 따라서 성령이 우리 마음속에 조명하지 않는다면 그 빛은 우리 속에 들어오지 못 한다.[36] 따라서 성령과 말씀은 불가분리의 관계이며 반드시 함께 일하는 것이다. 말씀과 성령은 만물을 소생하게 하고, 에덴동산의 범죄와 죽음을 치유하는 구원의 역사를 하는 것이다.

4) 예레미야 31:31-34

선지자 예레미야는 여호와께서 마지막 날에 그의 백성과 맺을 새 언약을 소개하며 그 때에 있을 일을 말씀하신다.

"여호와의 말이다. 보아라, 그 날이 오면 내가 이스라엘 집과 유다 집과 새 언약을 맺을 것이니 내가 그들의 조상들의 손을 잡고 이집트 땅에서 그들을 이끌어 내던 때에 그들과 맺은 언약과는 같지 않을 것이다. … 그러나 훗날 내가 이스라엘 집과 맺을 언약은 이러하니, 내가 내 율법을 그들 속에 두며 그것을 마음에 기록하여 나는 그들의 하나님이 되고 그들은 나의 백성이 될 것이다. 여호와의 말이다. 그들이 다시는 자기 이

---

35 칼빈은 말씀과 성령의 불가분리성에 대하여 그의 기독교 강요. ix. 3에서 명쾌하게 다루고 있다 (아울러 I.vii, 4-5 참조). Calvin, *Institutes of the Christian Religion I*, ed. by John R. McNeil, tr. and indx. by Ford Lewis Battkes (Philadelphia: Westminster, 1960), 95.

36 위의 책, 582.

웃이나 형제에게 말하기를 '너는 여호와를 알아라' 하지 않을 것이니, 이는 작은 자로부터 큰 자까지 모두가 나를 알 것이기 때문이다. 내가 그들의 악함을 용서하여 다시는 그들의 죄를 기억하지 않을 것이다. 여호와의 말이다."(렘 31:31-34)

이 말씀은 말일에 여호와께서 그의 율법을 모든 사람들 속에 두며, 마음에 기록하여 주셔서, 결국에는 세상의 모든 사람들이 다 여호와를 알게 된다고 말한다. 그래서 세상의 모든 사람들이 여호와의 백성이 되며, 여호와께서는 그들의 하나님이 되신다는 것이다.[37] 그날에는 사람들이 다른 사람들을 향하여 여호와를 알라고 전도하고 권면할 필요가 없는 세상이 올 것이다. 일찍이 이집트에서 나올 때 맺은 구언약에서는 말씀을 돌(출 31:18; 34:28-29; 신 4:13; 5:22)이나 책(출 24:7)에 기록하였다. 그러나 여기서는 여호와께서 그의 말씀을 사람들의 마음에 기록하신다. 여호와께서 사람의 마음에 그들의 죄를 새기겠다고 말씀하신 경우가 있다(렘 17:1).[38] 또한 하나님의 말씀을 마음에 두라는 의미로 쓰여진 경우가 신명기 6:6; 11:18; 30:14에서 찾을 수 있다. 그런데 여기서는 여호와께서 친히 사람들의 마음에 여호와의 율법을 새겨 놓아 잊을 수도 없고, 고칠 수도 없게 만드시겠다는 것이다. 그리하여 온 세상이 다 하나님을 알고 있어서 물이 바다를 덮음같이 여호와를 아는 지식이 충만한 세상이 되고 평화가 깃드는 세상이 되게 하시겠다는 것이다.

이상 이사야 2:1-4; 11:1-9; 에스겔 47:1-12; 예레미야 31:31-34 등

---

37 "나는 너의 하나님이 되고 너는 내 백성이 될 것이다"는 전형적인 계약공식(혹은 선택공식, Covenant Formula or Election Formula)이다(Cf. 7:23; 11:4; 24:7; 30:22; 31:1; 32:38; 겔 11:20; 36:28 등). Seock-Tae Sohn, *The Divine Election of Israel* (Grand Rapids: Eerdmans, 1991), 28-37.

38 J. A, Thompson, *The Book of Jeremiah. The New International Commentary on the Old Testament* (Grand Rapids: Eerdmans, 1980), 581.

은 한결같이 여호와의 종말론적인 비전의 말씀과 하나님의 지식이 온 땅에 충만하게 되어 세상 모든 사람들이 여호와를 알고, 세상에 상존하는 모든 적대적 감정과 세력이 서로 화해하고 평화를 누리는 세상을 그리고 있다. 이를 위해 말씀이신 하나님께서 성육신하시고, 그리스도께서는 성령을 보내서서 우리 속에 말씀을 새겨 넣으신다. 그리고 이후에는 하나님-사람-만물의 관계와 질서가 말씀으로 새롭게 되는 하나님 나라가 이루어질 것이다. 그리하여 그의 백성은 하나님 안에서 그리스도와 영원히 연합되는 관계를 이루게 될 것이다.

2. 말씀을 주신 여호와

하나님의 궁극적인 꿈은 세상 사람들에게 말씀을 가르쳐 온 세상에 하나님의 지식이 충만하고 이로 말미암아 평화가 깃드는 세상을 만드는 것이다. 이 일을 위하여 하나님께서는 아브라함의 후손, 곧 이스라엘이라는 한 민족을 택하셔서 이들에게 말씀을 주시고 가르쳐 구원하시며, 이들을 통하여 전 세계 만민이 여호와를 알게 하고자 하는 계획을 세우신다.

1) 아브라함을 선지자로 세우신 여호와

여호와 하나님께서는 75세 된 아브라함을 부르시며 다음과 같이 말씀하신다.

"너는 네 땅, 네 친족, 네 아버지의 집에서 떠나 내가 네게 보여줄 땅으로 가거라. 내가 너를 큰 민족이 되게 하고 네게 복을 주어 네 이름을 크게 할 것이니, 네가 복이 될 것이다. 너를 축복하는 자에게 내가 복을

주고 너를 저주하는 자에게 내가 저주하겠다. 땅의 모든 족속이 너로
말미암아 복을 받을 것이다." (창 12:1-3)

이것은 여호와 하나님께서 세상 만민들에게 구원을 베푸시고자
아브라함을 선택하여 부르시는 말씀이다. 하나님께서는 아브라함이
"복"(blessing)이 되게 하시겠다는 약속을 주신다.[39] 물론 이 복은 그리
스도를 믿는 믿음으로 말미암은 구원을 의미하는 것이다(행 3:25; 갈
3:7-9). 땅 위의 모든 족속들이 아브라함을 통하여 얻게 될 복은 구원
이며, 이 구원은 앞에서 살펴본 바와 같이 말씀을 통하여 이루어질 일이
다. 아브라함은 하나님의 말씀을 듣고 그의 고향과 그의 아버지의 집을
떠났다. 성경은 이 아브라함을 가리켜 "아브람이 여호와께서 자기에게
말씀하신대로 갔고 …"라고 기술하고 있다.[40] 아브라함은 여호와께서 말
씀하신대로 순종한 것이다. 그런데 창세기 18:18-19에 보면 여호와께서
아브라함을 선택하신 이유를 부연하여 말씀하신다.

"아브라함은 반드시 크고 강한 민족이 되고, 땅의 모든 민족들이 그
로 말미암아 복을 받을 것이다. 내가 그를 선택한 것은 그가 그의 자식
과 그 가족들에게 명령하여 여호와의 도를 지켜 공의와 정의를 행하고
나 여호와가 아브라함에게 말한 것을 그에게 이루려 하는 것이다." (창

39 개역성경에서는 창 12:2을 "너는 복의 근원이 될지라."고 번역하고 있는데 히브리
어 성경에는 "근원"이라는 말이 없다. 히브리어 "브라카하"(ברכה)라는 말은 "복"이라는
말이다. 하나님께서 복의 근원이지, 사람이 "복의 근원"이 될 수 없다. 이 번역은 본문상으
로나 신학적으로 옳지 않다. 아브라함은 세상 사람들이 하나님의 복을 받는 통로이지 복의
근원이 아니다.
40 개역성경에서는 "이에 아브람이 여호와의 말씀을 좇아갔고 …"라고 번역하고 있는
데 이 번역은 독자에게 오해를 불러일으킬 소지가 많다. 마치 여호와께서 앞에 가면서 아
브람을 이끌고 아브람은 그 뒤를 따라가는 듯한 의미를 준다. 히브리어 원문대로 "여호와
께서 그에게 말씀하신대로 갔다."라고 번역해야 옳다.

18:18-19)

18절은 12:1-3의 말씀을 되풀이하여 말씀하신 것이다. 따라서 18:18-19의 말씀은 12:1-3의 연속이라고 할 수 있다. 19절은 여호와께서 아브라함을 선택하신 목적을 말한다.[41] 여호와께서는 아브라함을 통하여 그의 자식들과 가족들이 여호와의 도를 지켜 공의와 정의를 행하도록 하려는 것이었다. "여호와의 도"라는 말은 히브리어로 "데렉 아도나이"(דרך יהוה), 즉 "여호와의 길"이라는 뜻이다. 욥기 23:11-12, "내 발이 그분의 걸음을 따랐으며, 내가 그분의 길을 지켜 치우치지 아니하였고, 내가 그분의 입술의 명령을 어기지 아니하고, 일용할 양식보다 그분의 입의 말씀을 귀하게 간직하였구나."에서 볼 수 있는 것과 같이 "그분의 걸음," "그분의 길," "그분의 입술의 명령," "그분의 입의 말씀" 등이 다 병행되어 사용되고 있는 것을 볼 수 있다. 따라서 여호와의 길을 가는 것은 바로 여호와의 말씀을 순종하는 것이다. 시편 18:21-22에서도 "주의 길"이 "주의 법도" 혹은 "주의 규례" 등과 병행해서 사용되고 있다(비교: 시 17:4-5). 따라서 "주의 길"이란 주의 말씀을 의미한다. 성경에서 자녀들을 훈계하라고 가르치는 말씀은 곳곳에서 볼 수 있으며(출 12:25-27; 신 6:1-3, 6-7, 20-25; 잠 1:7; 13:1), 자녀들에게 가르쳐야할 것은 율법에 나타난 하나님의 도"였다. 하나님께서는 아브라함과 그의 후손들이 그의 말씀을 지켜 공의와 정의를 행하도록 하기 위하여 선택하셨다. 따라서 하나님께서 아브라함을 통하여 만민에게 복을 주시겠다는 약속은 하나님의 말씀과 관계가 있다. 아브라함의 후손들이 대대로 그들의 후손들에게 하나님의 말씀을 가르쳐 여호와의 말씀을 알게

41 개역성경이나 바른성경, 그리고 대부분의 영역본은 "선택하다"라고 번역하고 있으나 히브리어 성경은 "에다티브"(ידעתיו), 곧 "내가 그를 알다"이다. 그러나 히브리어 "야다"(ידע, 알다)라는 동사는 구약성경에서 많은 경우 선택용어로 사용되고 있다(암 3:2; 출 33:12,17; 신 34:10; 삼하 7:20 등); Sohn, *The Divine Election of Israel*. 24-26.

하고 공의와 정의를 행해야 하나님께서 그들에게 복을 주시고 또한 그들을 통하여 세상 만민들에게도 복을 주실 것이었다. 이를 위하여 하나님께서는 아브라함과 그 후손들에게 그의 말씀을 주셨다. 하나님께서는 그의 말씀을 우리 인간들에게 어떻게 주시는가? 하나님께서는 선지자들을 통하여 말씀을 주신다. 하나님께서는 선지자들에게 자기 자신을 계시하시고, 자신의 말씀을 주셔서 사람들에게 하나님의 뜻을 전하게 하신다.

하나님께서는 아브라함을 성경에서 최초로 "선지자"라고 부르셨다(창 20:7). 하나님께서는 그랄 왕 아비멜렉에게 빼앗긴 아브라함의 아내 사라를 구하기 위하여 아비멜렉에게 나타나시어 "이제 그 사람(아브라함)의 아내를 돌려보내라. 그는 선지자이니" 그가 너를 위하여 기도하면 네가 살 것이나, 만일 네가 돌려보내지 않으면 너와 네게 속한 자들 모두 반드시 죽을 줄 알아라."(창 20:7)고 말씀하신다. 하나님께서는 아브라함이 "선지자"임을 밝히신다. 하나님께서는 선지자로서 아브라함이 기도하는 사람이라는 것이다. 하나님께서는 아브라함을 찾아가셔서 "내가 하려는 일을 아브라함에게 숨기겠느냐?"(창18:17)고 운을 떼시고 부르짖음이 하늘에 닿고 죄악이 무거운 소돔과 고모라를 멸하실 것을 말씀하신다. 아브라함을 선지자로 대하시는 것이다. 그러자 아브라함은 엎드리어 간곡하고 겸손하게 그 땅의 의인들을 살려달라고 기도했다. 이 기도를 통하여 아브라함은 하나님의 심판 중에 롯과 그의 딸들을 구했다. 결국 아브라함은 선지자로서 사람을 살리는 기도를 한 것이다. 하나님께서는 바로 이러한 일을 염두에 두시고 아브라함을 기도하여 사람을 살리는 선지자라고 하신 것이다. 아브라함은 하나님의 뜻을 계시받은 하나님의 선지자였다.

2) 모세를 통하여 율법을 주시는 여호와

여호와께서는 모세를 통하여 이집트에서 종살이하는 아브라함의 후손, 이스라엘을 구출해 내셨다. 여호와께서는 그가 아브라함에게 약속하신대로 그의 후손들이 이집트에서 400년 동안 종살이하며 큰 민족을 이루게 하셨고, 이제는 아브라함에게 약속하신대로 가나안 땅을 주시려고 이들을 이끌어 내신 것이다(창 15:12-21; 출 6:3-5). 따라서 출애굽은 여호와 하나님께서 아브라함에게 주신 언약의 성취이다. 여호와께서는 이들을 시내 산으로 데리고 가셨다. 그리고 언약을 제의하셨다.

"내가 이집트 사람에게 행한 일을 너희가 보았고 내가 너희를 독수리 날개로 업어 너희를 내게로 인도하였음을 보았다. 온 땅이 내 것이니 이제 너희가 내 말을 잘 듣고 내 언약을 지키면 너희가 모든 백성 중에서 내 소유가 될 것이며, 또 너희는 내게 제사장 나라가 되며 거룩한 민족이 될 것이다." (출 19:4-6)

여호와께서는 온 땅의 주인이시고 모든 민족을 주관하시는 분이시다. 그 여호와께서 이스라엘을 이집트에서 그의 크신 능력으로 구출하셨다. 그리고 이제 이들을 그의 소유로 삼아 모든 민족의 제사장 나라가 되게 하려는 것이다. 여기에 조건은 그들이 "내 말을 잘 듣고, 내 언약을 잘 지키면"이다. 여기서 "말" [42] 과 "언약"은 다 같이 여호와의 "말씀"이다. 여호와의 말씀을 지킴으로 이스라엘이 얻게 되는 유익은 여호와의 "소유", "제사장 나라", "거룩한 민족" 등이 된다는 것이다. 이들은 다 같이 여호와와 이스라엘 사이의 특별한 관계를 나타내는 어휘이다. 여호와께서는 이스라엘이 그의 언약을 지키면 모든 백성 중에서 이스라엘을

---

42 여기서 "말"은 "목소리"라는 뜻을 가진 히브리어 "콜"(קוֹל)을 번역한 것이다.

그의 소유와 그의 제사장 나라와 그의 거룩한 민족이 되게 하겠다고 하셨다. "소유"라는 말은 주인이 그의 종이나 그의 아내 등에 사용하는 말이다. 성경에서 시내 산 언약을 여호와 하나님과 이스라엘의 결혼 예식으로 이해하고 있는 것과(렘 31:31-33) 결혼 예식이란 신랑이 신부를 자기의 소유로 삼는 신랑의 신부에 대한 일종의 소유권 선포라는 것을 염두에 둔다면, 여호와께서 이스라엘을 자기의 소유로 삼겠다는 말씀은 여호와께서 이스라엘을 그의 아내로 맞이하겠다는 것을 의미한다.[43] 하나님께서 그와 이스라엘과의 관계를 마치 남편과 아내의 관계와 같은 이 세상에서 가장 친밀하고 인격적인 관계를 맺겠다고 약속하시는 말씀인 것이다.

또한 "제사장 나라"는, 이스라엘을 열국의 대표로 여호와께 제사 드리는 나라로 삼겠다는 의미이다. 선지자 이사야는 그 환상을 그의 마지막 장에서 다음과 같이 말하고 있다.

"나 여호와가 말한다. 이스라엘 자손이 예물을 깨끗한 그릇에 담아 여호와의 집에 드리는 것처럼, 그들이 너희 모든 형제들을 모든 민족에게서 말과 수레와 가마와 노새와 낙타에 태워 예루살렘의 내 거룩한 산으로 데려와 나 여호와에게 예물로 드릴 것이다. 내가 그들 중 몇 사람을 택하여 제사장과 레위인을 삼을 것이다." (사 66:20-21)

여호와께서는 먼 훗날에 이스라엘 사람들이 제사장이 되어 세상의 이방인들을 구원하여 하나님 앞으로 데리고 나오며, 하나님께서는 그들 가운데서도 이스라엘과 같은 제사장과 레위인을 세우실 것을 말씀하신다. 사도 바울은 이 말씀에 근거하여 자기가 이방인들을 위한 그리스도 예수님의 일꾼이 되어 하나님의 복음의 제사장 직무를 맡게 되었다고

---

43 손석태 「이스라엘의 선민사상」, 「여호와, 이스라엘의 남편」 참조.

말한다(롬 15:16). 베드로는 이 말씀을 근거로 그리스도로 말미암아 구원받은 이방인들을 향하여 "너희는 택하심을 받은 족속이요, 왕같은 제사장들이고, 거룩한 나라이며, 그분의 소유된 백성이다."(벧전 2:9)라고 선언한다. 따라서 이스라엘이 제사장 나라가 된다는 것은 하나님께서 이방인들을 그 앞으로 인도하는 역할을 부여하시는 말씀이다.

"거룩한 나라"라는 말은 하나님께서 선택하여 구별한 그의 백성이라는 말로 이는 여호와 하나님을 왕으로 이스라엘을 그의 구별된 신민으로의 관계를 염두에 둔 말이다. 따라서 시내 산 언약은 여호와 하나님과 이스라엘 사이에 왕과 신민의 관계를 맺는 언약이라고 할 수 있다.[44] 여호와께서는 이스라엘을 여러 민족 가운데서 선택하시고 그의 소유, 제사장 나라, 거룩한 민족을 삼고 이 선택이 법적인 구속력을 갖도록 언약을 맺으려 하시는 것이다. 그런데 이 은혜스럽고 영광스러운 언약의 전제는 말씀을 잘 지키는 것이다.

그리하여 여호와께서는 모세를 통하여 그의 백성들이 지켜야 할 말씀을 주셨다. 흔히 십계명(עשרת הדברים, Ten Words, 신 4:13)으로 알려진 이 말씀은 "언약의 열 말씀"(Ten Words of the Covenant)인데, 이는 구약 성경의 모든 말씀의 근간을 이루는 하나님의 영원한 율법을 표현한 것이다. 이는 마치 창조시 하나님께서 열 마디 말씀으로 하늘과 땅의 질서를 창조하셨듯이 ("그가 말씀하셨다" [ויאמר אלהים], 창 1:3, 6, 9, 11, 14, 20, 24, 26, 28, 29), 역시 열 마디의 말씀으로 그의 백성들이 이 땅에서 살면서 지켜야 할 질서를 창조하신 것이다. 첫 네 계명은 하나님과 사람과의 관계에 대한 규정이고, 나머지 여섯 계명은 하나님의 백성들이 서로 어떤 관계를 가지고 살아가야 할 것인가를 가르치는 말씀이다. 하나님께서는 이 십계명을 기초로 율례를 주셨는데 민형사법(Judicial Law, 출 21:1-22:15), 윤리 도덕법(Moral Law, 출 22:16-

44 손석태 『목회를 위한 구약신학』 (서울: CLC, 2006), 425-426.

27; 23:1-9), 제사와 예배법(Ritual Law, 출 20:22-26; 22:28-30; 23:10-19) 등을 주셔서 하나님의 백성들이 일정한 질서와 규칙을 지키고 살도록 하셨다(출 20:22-23:19). 하나님께서는 모세를 선지자로 세워 그의 백성 이스라엘이 지키고 행하여야 할 말씀을 주셨다.

3) 선지자를 통하여 말씀을 주시는 여호와

선지자를 가리켜 성경에서는 "피 아도나이"(פי יהוה), 곧 "여호와의 입"이라고 말한다. 하나님의 말씀을 대언하는 자이다. 여호와께서는 일찍이 모세에게 "내가 그들의 형제 가운데 그들을 위하여 너와 같은 선지자 하나를 세우고, 내 말을 그의 입에 두겠다. 그러면 내가 명령한 모든 것을 그가 그들에게 말할 것이다."(신 18:18)고 약속하셨다. 여기서 "너와 같은 선지자"란 선지자의 제도나 그리스도를 의미한다.[45] 여호와께서는 선지자들을 세워 이스라엘 백성들이 그들을 통하여 여호와의 말씀을 들을 수 있도록 제도를 마련하신 것이다. 뿐만 아니라 궁극적으로는 그리스도를 보내서 하나님의 음성을 그를 통하여 듣게 하고자 하셨다.

여호와께서는 선지자를 택하여 그에게 말씀을 주어 그의 백성에게 나아가 전하도록 하신다. 예레미야가 자기는 아이라 말할 줄을 몰라서 선지자가 될 수 없다고 말하자 여호와께서는 "내가 내 말을 네 입에 두었노라"(렘 1:9), 그러므로 "너는 아이라 하지 말아라. 내가 너를 누구에게 보내든지 가서 내가 명령한 모든 것을 말하여라."(렘 1:7)고 말씀하신다. 그리고 그의 입에 손을 대어 그의 선지자로 인치신다. 그리하여 예레미야는 하나님께서 주신 말씀을 이스라엘 백성들에게 전하였고, 이것을 기록하였다(렘 36장). 이와 같이 선지자는 여호와께서 주신 말씀을 대언

45 E. J. Young, *My Servants the Prophets* (Grand Rapids: Eerdmans, 1979), 34.

하고 글로 남긴 자이다. 따라서 선지자들은 "여호와의 말씀이 내게 임하셨다. 말씀하시기를…"(…יְהִי דְבַר - יְהוָה אֵלַי לֵאמֹר)이라고 말한다. 또한 "여호와께서 이같이 말씀하신다…"(…כֹּה אָמַר יְהוָה), 혹은 "여호와의 이 말씀을 들어라"(-וַה דְבַר יְהֹוָה שִׁמְעוּ)와 같은 말로 입을 연다. 그는 자기 말을 하는 것이 아니라 여호와께서 그에게 들려주신 말씀을 전하고 있음을 분명히 밝히고 있다. 즉, 선지서들은 인간의 전승이나 인간의 생각을 기원으로 하는 가르침이 아니라 성령께서 말씀하신 것을 받아 쓴 하나님의 말씀이다. 하나님께서는 그가 택한 선지자의 마음과 인격을 주권적으로 통제하셔서 그가 원하는 단어들을 사람에게 말씀하시어 그것을 정확히 기록하게 하신 것이다.[46] 따라서 하나님께서는 선지자가 말할 때 그 말을 자기 자신의 말과 동일시 하셨기 때문에 선지자의 입은 하나님 자신의 입이라고 할 수 있었을 것이다. 때문에 칼빈은 하나님께서 성경 안에서 "자신의 가장 거룩한 입술을 여신다"(I.6.1.)고 말했다.

그렇다면 이스라엘 사람들은 선지자들의 말을 어떻게 받았는가? 학개 1:12-13에 보면 이스라엘 사람들이 여호와 하나님의 말씀과 선지자의 말씀을 동일시하고 있는 것을 볼 수 있다.

"남아있는 모든 백성들이 여호와 그들의 하나님의 목소리와 선지자 학개의 말을 복종하였으니, 이는 여호와 그들의 하나님께서 그를 보내셨기 때문이다. 백성들이 여호와를 두려워하였고, 여호와의 사자 학개는 여호와의 명령을 받아 백성에게 말하였다. 여호와께서 말씀하시기를 '여호와가 말한다. 내가 너희와 함께 한다' 라고 하셨다." (학 1:12-13)

여기서 볼 때 선지자 학개는 여호와의 명령을 받아 백성에게 말하고,

46 Calvin, 140-141.

백성들은 학개의 말을 하나님의 목소리와 같은 권위로 인정하고 받았다. 칼빈은 이 점에 대하여 다음과 같이 말하였다.

"백성들이 받아들인 것은 그들이 유한한 인간의 입에서 들은 말이 아니라 바로 하나님의 위엄이 공공연하게 나타난 것이었다. 그것은 눈에 보이는 하나님의 모습은 아니었지만 선지자의 메시지가 하나님께서 하늘에서 내려오셔서 자신의 임재에 대한 분명한 증거를 주신 것과 동일한 능력을 얻었기 때문이었다. 그러므로 우리는 이 말을 통해서 하나님의 영광이 그 말씀 속에 비치므로, 하나님께서 선지자들을 통해 말씀하실 때마다 우리는 하나님과 마치 얼굴과 얼굴을 맞대고 곁에 가까이 있는 것 같이 그 말씀에 영향을 받게 될 수밖에 없다." [47]

이상을 살펴볼 때, 하나님께서는 선지자들에게 그의 말씀을 주셔서 그의 백성들에게 전하게 하셨고 백성들은 선지자들이 전하는 말씀을 하나님의 말씀으로 받았다. 모세를 통하여 그의 백성들에게 율법을 주신 하나님께서는 선지자를 통하여 그의 말씀을 주셨다.

선지자들에게 주신 말씀은 하나님의 이스라엘 선택, 하나님과 이스라엘과의 언약, 하나님 앞에서 이스라엘이 지켜야 할 언약의 말씀, 하나님에 대한 이스라엘의 반역, 하나님에 의한 이스라엘의 회복 등 하나님과 이스라엘의 관계가 주제이다.

3. 말씀을 가르친 선지자들

하나님께서는 그의 종들에게 말씀을 주시고 말씀을 그의 백성들에게 가르치게 하셨다. 우리는 선지자들이 물이 바다를 덮음같이 여호와

47 Calvin, 학 1:12-13.

의 지식이 충만한 세상을 꿈꾸시는 하나님의 비전을 이루기 위하여 어떻게 활동하였는가를 살펴볼 필요가 있다. 구약성경에서 하나님의 말씀을 전하고 가르친 자들은 선지자들이었다. 물론 제사장이나 레위인, 어떤 경우에는 평신도들도 여호와의 말씀을 전한 경우가 있었지만 선지자들은 여호와의 말씀을 대언하기 위하여 특별히 부르심을 받은 자들이다.

1) 여호와의 도를 가르치는 아브라함

창세기 20:7에 보면 여호와께서는 아브람을 "선지자"라고 칭하셨다. 선지자는 자기보다 우월한 존재의 말씀을 대신 전하는 사람이다.[48] 따라서 히브리어 "나비"(נביא)는 "대언자"라고 해야 옳다. 하나님께서는 그를 처음 부르실 때 아브라함을 통하여 세상 만민에게 복을 주시겠다는 계획을 알리셨다(창 12:1-3). 말하자면 그는 하나님의 세상 구원에 대한 계시를 받은 선지자로서 부르심을 받은 것이다. 또한 아브라함은 하나님

---

48 선지자는 하나님의 뜻을 그의 백성들에게 알리고, 해석해주고, 가르치는 일을 하는 사람이다. 하나님의 말씀을 대언하는 것은 하나님의 뜻을 알리는 주된 방법 중의 하나이다. 그러나 하나님께서는 말이 아닌 행동으로 하나님께서 하시고자 하는 일을 알리는 경우도 있다. 따라서 하나님께서 말이나 행동을 통하여 그의 뜻을 백성들에게 알리는 일을 성경에서 "예언하다"를 "나바"(נבא)라고 말하고, "예언하는 자"를 "나비"(נביא)라고 부른다. 그러므로 선지자들은 꼭 미래에 있을 일만을 대언하는 것이 아니고, 현재나 과거의 일도 말하고 가르치는 경우가 있으며, 꼭 입으로만 하나님의 말씀을 전하는 것이 아니라, 하나님께서 지시하는 다양한 방법을 통하여 시대의 징조와 다가오는 심판을 가르친다. 하나님께서는 이사야에게 벌거벗은 몸으로 살도록 지시하시기도 하고, 예레미야에게는 멸망의 때에 밭을 사도록 하시며, 호세아에게는 창기와 결혼하라고 명하신다. 또한 하나님께서는 사울이 다윗을 죽이려고 보낸 그의 부하들을 붙잡아 두고 예언하게 하시고, 심지어 그의 부하들이 돌아오지 않으므로 사울 자기 자신이 직접 가서 다윗을 체포하려고 했을 때 그의 영으로 그를 붙잡아 벌거벗은 채 하루종일 누워있게 하였는데, 성경은 이들이 예언했다고 기록하고 있다. 사울이 다윗을 잡아 죽이려고 하는 것이 하나님의 뜻이 아님을 이렇게 "예언하게 하심"을 통해 사람들에게 나타내 보이신 것이다. 손석태 『성령세례 다시 해석한다』(서울: CLC, 2016), 159-63. E. J. Young, *My Servants the Prophets* (Grand Rapids: Eerdmans, 1952), 60. 손석태 『창세기강의』 (서울: 성경읽기사, 1993), 170.

으로부터 소돔과 고모라에 대한 심판이 있을 것을 미리 들어서 알았다. 그래서 그는 엎드리어 하나님께서 의인과 악인을 동시에 멸하는 것이 옳지 않다는 것을 말씀드리고 소돔과 고모라에 의인 10명이 있으면 그곳을 멸하지 않겠다는 약속을 받아낸다. 우리는 선지자로서 하나님의 뜻을 전해 듣고 제사장적인 기도를 하는 아브라함의 모습을 보게 된다. 그러나 성경에 보면 선지자는 반드시 입을 통해서 말로만 하나님의 뜻을 전하는 것이 아니다. 그의 온 몸을 통해서, 그의 온 생애를 통해서, 심지어 그의 가족들을 통해서도 하나님의 뜻을 그의 백성들에게 알리는 역할을 한다. 선지자 이사야는 벌거벗은 채로 삼년을 살았으며, 그의 아들들 이름을 "스알야숩"(남은 자는 돌아오리라, 사 7:3), "마할살랄하스바스"(노략이 빠름, 사 8:3) 등으로 지어 다가오는 여호와 하나님의 심판을 백성들에게 전한다. 말보다 시청각적으로 임박한 재앙을 백성들에게 깨우치는 것을 볼 수 있다.

그러나 본문에서 "선지자"라는 말은 "대언자"라는 의미보다는 "기도하는 자", "-을 위하여 기도하는 자", 그래서 "중보자"라는 의미로 쓰이고 있다. 여호와께서 아브라함의 아내 사라를 붙잡아 온 아비멜렉에게 아브라함을 가리켜 "그는 선지자이니, 그가 너를 위하여 기도하면 네가 살 것이다."라고 말씀하신다. 이 말씀을 유추해보면 선지자로서 아브라함은 기도하는 자이다. 여호와께서는 특별히 아브라함의 기도를 들어주셔서 아비멜렉 집안 여자들의 닫혔던 태를 열 것을 말씀하고 계시며, 17절에는 아브라함이 기도하자 아비멜렉의 여자들이 고침을 받고 아이를 낳게 된다. 여기서 아브라함은 어떻게 선지자 노릇을 하는 것인가? 얼핏 생각하면 아브라함은 제사장적 역할을 하는 것 같다. 그러나 좀 더 큰 문맥에서 살펴보면 아브라함은 선지자로서 활동하고 있음을 알 수 있다. 아브라함이 아내를 누이라고 말한 것은 "이곳에서는 하나님을 조금도 두려워하지 않음으로…"라는 말을 한다. 하나님께 대한 경외심이 없는 이 땅에서 아브라함은 비록 자기의 생명을 부지하기 위하여 거짓말을 했지만 결과적으로 아비멜렉은 아브라함을 통하여 여호와 하나님께서 살아 계시며, 인생의 생사화복을 주장하시는 전능자이시라는 것을 알게 되었다. 뿐만 아니라 아비멜렉은 아브라함이 여호와 하나님과 특별한 관계를 가지고 그의 권능을 나타내는 종이라는 것을 알게 되며, 여호와 하나님께서는 그의 불의를 문책하시며 심판하시는 분이라는 것을 알게 된다. 따라서 아브라함은 선지자로서의 하나님을 나타내는 일을 한 것이다. 말하자면 아브라함은 선지자적 행위(prophetic action)와 선지자적 삶(prophetic life)을 통하여 하나님을 증거한 것이다.[49] 여호와께서 아브라함을 선택하신 이유는 아브라함과 그의 후손들이 여호와의 말씀인 그의 도를 지켜 공의와 정의를 행하게 하려는 것이었다(창 18:19). 아브라함은 이 패역한 땅에서 여호와의 도를 행하며, 생활로 가르친 선지자였다.

2) 광야의 성경 선생, 모세

여호와 하나님께서는 모세를 통하여 이집트에서 노예살이 하던 아브라함의 후손들을 구출하여 홍해를 건너고 시내산까지 데려 오셨다. 그리고 여호와께서는 시내산에서 이스라엘과 언약을 맺으신다. 이 시내산 언약은 여호와 하나님과 이스라엘 사이에 관계를 규정하고 이 관계가 생명을 담보로 법적인 구속력과 결속력을 갖게 하는 것이었다. 따라서 여호와 하나님과 이스라엘 사이의 관계는 이 언약을 통하여 공식적으로 시작된 것이다. 우리는 언약을 맺는 이 사건에서 여호와의 말씀이 가장

---

49 영(E. J. Young)은 이 본문에서 여호와께서 아브라함을 선지자라고 부르시는 것은 선지자의 직분을 강조하는 것이 아니고 선지자와 하나님 사이의 가깝고 밀접한 관계를 강조하는 말이라고 주장한다. E. J. Young, *My Servants the Prophets* (Grand Rapids: Eerdmans, 1952), 60.

중심적인 위치에 놓이는 것을 알 수 있다. 출애굽기 19장 4-6절은 여호 와께서 이스라엘을 자기 백성으로 삼고자 언약을 제안하시는 말씀이다. 그 내용은 이스라엘 백성이 여호와의 말씀을 잘 듣고 그의 언약을 잘 지 키면 하나님의 소유가 되고, 제사장 나라가 되며, 거룩한 민족이 된다는 것이었다. 그리하여 모세는 여호와 하나님과 언약을 맺고자 할 때에 백 성들과 장로들을 불러 모아 여호와께서 자기에게 명하신 "그 모든 말씀" 을 그들에게 들려주었다. 그러자 백성들이 일제히 "여호와께서 말씀하 신 모든 것을 우리가 행하겠습니다."(출 19:8)고 응답했다. 이어서 출애 굽기 20-23장은 여호와께서 모세를 통해 이스라엘에게 주신 모든 말씀 이다. 출애굽기 24장은 모세의 중재로 여호와와 이스라엘이 언약을 맺 는 장면이다. 여호와께서는 이스라엘과 피로 언약을 맺기 전에 모세를 통하여 이스라엘이 지켜야 할 말씀을 들려주신다.

> "모세가 와서 여호와의 모든 말씀과 모든 법도를 백성에게 말하니 온 백성이 한 목소리로 대답하기를 '우리가 여호와께서 말씀하신 모든 것 을 준행하겠습니다.' 라고 하였다." (출 24:3)

모세는 백성들의 이 각오의 말을 듣고 소를 잡아 번제와 화목제를 드리고 그것들의 피를 가져와 반은 단에 뿌렸다. 그리고 다시 언약서를 가져와 백성들에게 낭독하였다. 백성들은 "여호와께서 말씀하신 모든 것을 저희가 행하며 순종하겠습니다."(출 24:7)라고 다시 맹세했다. 그 때에 모세는 나머지 반의 피를 백성들에게 뿌렸다.[50] 여호와와 이스라엘

---

50 일반적으로 고대 근동 세계에서 계약을 맺을 때는 짐승을 잡아 그 사체를 반으로 쪼개 놓고 계약 맺는 당사자들이 그 쪼갠 사체 사이로 지나갔다. 누구든지 계약을 어기거 나 파기할 때는 그도 이 짐승처럼 그의 몸이 쪼개질 것임을 피차 맹세하는 것이다. 따라서 계약은 당사자들이 그들의 목숨을 담보하고 약속을 다짐하는 것이었다. 하나님께서 아브 라함과 언약을 맺을 때도 하나님을 상징하는 횃불이 쪼갠 사체 사이로 지나갔다(창 15장).

사이에 피로 언약이 맺어진 것이다. 이 언약은 이스라엘이 여호와의 백성이 되고 여호와께서 이스라엘의 하나님이 되는 관계를 맺는 것이다. 이 언약은 이스라엘이 여호와의 말씀을 준행하는 것을 전제로 한다. 여호와께서는 이스라엘이 지켜야 할 말씀을 돌판에 기록해 주셨고, 언약서에 기록하게 하셨다.

여호와와 이스라엘이 언약을 맺은 후, 모세는 계속해서 이스라엘에게 이 율법을 가르쳤다. 출애굽 이후 모세의 사역은 이스라엘에게 하나님의 말씀을 가르치는 것이었다. 따라서 모세의 사역은 출애굽 사역과 교육 사역으로 나뉜다. 특히 신명기는 모세가 이스라엘 백성을 교육시킨 내용이다.

신명기는 "모세는 요단 건너편 모압 땅에서 이 율법을 설명하기 시작하였다"(1:5)라고 그 서두를 열고 있다. 여기서 모세는 이스라엘이 시내 산에서 여호와와 언약을 맺은 후 약속의 땅 가나안 경계에 이르기까지의 여정을 돌이켜 보며 "보아라. 여호와 나의 하나님께서 명령하신 규례와 법도를 내가 너희에게 가르쳤으니 이는 너희들이 들어가서 차지할 땅에서 행하게 하려는 것이다."(신 4:5)고 말한다. 또한 5장 1절에 모세가 이스라엘에게 "이스라엘아 내가 오늘 너희 귀에 말하는 규례와 법도를 듣고, 그것을 배우며 지켜 행하여라."고 하는 말을 살펴보면 모세는 단순히 이스라엘이 그가 전해준 말씀을 듣기만을 원하는 것이 아니었다. 배우고 행하라는 것이다. 4:5에서 "가르치다"라는 히브리어나 5:1에서 "배우다"는 히브리어는 다 같이 "라마드"(למד)라는 말을 쓴다. 가르치고 배우는 일은 불가분리의 일이다. 모세는 그가 가르친 것을 이스라엘

이는 하나님께서 자신의 생명을 걸고 약속한 것이기 때문에, 아브라함에게 주신 그 약속이 얼마나 확실하고 견고한 것인가를 보여주시는 것이다. 그러나 여기 시내산 위에서 여호와 하나님과 이스라엘이 언약을 맺을 때는 짐승을 잡아 그 피를 언약 당사자들에게 뿌렸다는 점에서 그 의식은 다르지만 피는 생명을 뜻하기 때문에, 생명을 담보하고 언약을 맺었다는 점에서 그 의미는 동일하다.

이 배우고 행하기를 원한 것이다. 여기서 우리는 모세가 출중한 출애굽의 지도자였을 뿐만 아니라 노예 생활하던 백성들에게 하나님의 규례와 법도를 단순히 선포한 것이 아니라 가르친 교육자였음을 알 수 있다.

모세의 교육 내용은 무엇이었는가? 신명기 10:12-17에서 모세는 다음과 같이 말한다.

"이스라엘아, 지금 여호와 네 하나님께서 네게 요구하시는 것이 무엇이냐? 여호와 네 하나님을 경외하며 그 분의 모든 길을 따르고 그 분을 사랑하며 네 온 마음과 네 온 몸을 다하여 여호와 네 하나님을 섬기는 것이 아니냐? 또한 네가 행복하게 되도록 오늘 내가 네게 명하는 여호와의 명령과 규례를 지키는 것이 아니냐? 하늘과 하늘 위의 하늘, 그 안에 있는 모든 것이 다 여호와 네 하나님의 것이지만 여호와께서는 오직 네 조상에게만 마음을 두고 그들을 사랑하셨으며, 모든 백성들 가운데 그들의 후손인 너희를 선택하셨으니 오늘과 같다. 그러므로 너희는 마음에 할례를 받고 다시는 너희 목을 곧게 하지 마라. 여호와 너희 하나님께서는 신 가운데 신이시며 주 가운데 주이시니 그 분은 크고 능력이 많으시고 두려운 하나님이시다." (신 10:12-17)

이스라엘이 알아야 할 첫째 사항은 여호와 하나님이 신 가운데 신이시며 주 가운데 주이시라는 사실이다. 둘째는 그 여호와께서 이스라엘의 조상을 사랑하셔서 그의 후손인 이스라엘을 세상의 모든 백성들 가운데 그의 백성으로 선택하셨다는 것이다. 셋째는 그러므로 이스라엘은 여호와 하나님을 경외하고 사랑하며 그의 명령과 규례를 지키라는 것이다. 그래야 결과적으로 이스라엘이 행복하게 되며(신 26:16-18; 27:9; 28:9 등 참조), 그의 "보배로운 백성" 혹은 "거룩한 민족"이 된다는 것이다. 여기서 "보배로운 백성"이나 "거룩한 민족"이라는 말은 다 같이 여호와 하나님과 이스라엘의 선택 관계에서 쓰여진 특별한 용어이다. "암 세굴라"(עם סגלה)라는 말은 하나님의 특별한 소유라는 뜻으로 이스라엘에서는 남편이 아내를 가리켜 사용한 말이었고, 여호와와 이스라엘의 관계를 남편과 아내의 은유로 표현하여 이스라엘을 아내와 같은 여호와의 특별한 소유라는 의미로 사용하고 있다.[51] 아내는 남편의 소유이다. 그러나 노예나 짐승처럼 팔거나 죽일 수 있는 소유가 아니고 특별한 소유이다. 남편은 그의 아내를 위하여 일정한 절차를 밟아 결혼 문서를 작성하고, 특별한 사랑을 베푸는 반면 배타적이고 독점적인 사랑을 요구하는 관계이다.[52] 또한 "거룩한 백성"이라는 의미도 선택 관계를 묘사하는 말로서 "구별된 민족"이라는 의미이다. 출 19:5에 "모든 백성들 중에서 … 거룩한 민족"이 될 것이라는 표현 자체가 선택이나 구별의 의미를 내포하는 말이지만 "카도쉬"(קדש)라는 말도 구별하다는 뜻을 가지고 있다.[53] 즉, 여호와께서는 이스라엘을 그의 특별한 소유, 거룩한 민족으로 구별하여 사랑하시고, 행복하게 해주려 하셨다. 그렇다면 이스라엘도 여호와 하나님을 경외하고 사랑해야 했다. 하나님을 경외하고 사랑하는 것은 그의 말씀을 순종하고 지키는 것이다.

그렇다면 이스라엘은 이 가르침을 따라 행해도 되고 행하지 않아도 되는 것인가? 그렇지 않다. 신명기 11:18-28에서는 중요한 조건을 제시하고 있다.

"보아라, 내가 오늘 너희 앞에 복과 저주를 두니, 오늘 내가 너희에게 명령하는 여호와 너희 하나님의 명령들을 너희가 귀담아 들으면 복이 될

51 Seock-Tae Sohn, *The Divine Election of Israel* (Grand Rapids: Eerdmans, 1991), 35-37. 「목회를 위한 구약신학」「이스라엘의 선민 사상」등 참조

52 Seock-Tae Sohn, *YHWH, The Husband of Israel* (Eugene: Wipf & Stock, 2002). 「여호와, 이스라엘의 남편」등 참조

53 *Ibid.*

것이며, 여호와 너희 하나님의 명령을 듣지 않고 오늘 내가 너희에게 명하는 길에서 떠나 너희가 알지 못하는 다른 신들을 따라가면 저주가 될 것이다."(신 11:26-28; 30:14-20).

하나님의 말씀은 순종해도 좋고, 안해도 좋은 것이 아니다. 순종하면 순종한대로 복이 될 것이지만 순종하지 않으면 저주를 초래한다.

"그러므로 너희는 나의 이 말들을 네 마음과 네 혼에 두고, 또 그것을 네 손에 매어 기호를 삼고 네 눈들 사이에 붙여 표를 삼아라. 너는 이 말들을 자녀들에게 가르치고 네가 집에 앉아 있을 때나 길을 갈 때나, 네가 누워있을 때나 일어날 때나 그것들을 말하고, 네 집 문설주와 대문에도 기록하여라. 그리하면 여호와께서 너희 조상에게 주겠다고 맹세하신 땅에서 너희의 날들과 너희 아들들의 날들이 마치 땅 위에서 하늘의 날들처럼 많아질 것이다. 너희가 만약 내가 너희에게 행하라고 명령한 이 모든 명령을 참으로 지키고 여호와 너희 하나님을 사랑하고 그분의 모든 길로 걸으며 그 분을 가까이하면, 여호와께서 이 모든 민족들을 너희 앞에서 다 쫓아내실 것이며, 너희는 너희보다 더 크고 강한 나라들을 차지하게 될 것이다. 너희 발바닥이 닿는 곳은 모두 너희 것이 될 것이니 너희 경계는 광야에서 레바논까지, 큰 강 유프라테스에서 지중해까지가 될 것이다. 너희를 대항할 사람이 없을 것이며, 여호와 너희 하나님께서 친히 너희에게 말씀하신 것 같이 네가 밟는 모든 땅에 너희에 대한 무서움과 두려움을 줄 것이다."(신 11:18-25)

이스라엘은 여호와의 말씀에 적극적이어야 했다. 무엇보다 먼저 여호와의 이 가르침을 그들의 후손들에게 가르치고 지키게 해야 했다. 그러면 이스라엘은 헤아릴 수 없는 복을 받을 수 있었다(신 28:1-14). 그러나 하나님의 말씀을 순종하지 않을 때는 헤아릴 수 없는 저주를 받고 마침내는 망하게 될 것이었다(신 28:15-68). 따라서 이스라엘이 복을 받고 살기 위해서는 자기들 뿐만 아니라 자기들의 자녀들에게 여호와의 말씀을 가르쳐 여호와를 경외하고 순종하도록 교육을 시켜야 했다.

이상을 살펴볼 때 모세는 출애굽 이후 거의 40여 년 동안 광야에서 이스라엘을 이끌고 다니며 이들을 가르친 것을 볼 수 있다. 그는 여호와 하나님께서 그들을 이집트로부터 구출하시고, 그의 백성 삼으신 일로부터 시작하여, 그들이 여호와의 백성으로서 여호와 하나님을 경외하며 섬기고 사는 규정을 가르치고, 나아가서 이스라엘이 여호와의 백성으로서 서로서로 어떠한 관계를 가지고 살아야 할 것인지를 가르쳤다. 모세는 말로만 강론한 것이 아니라 구체적인 생활 훈련을 시켰으며, 여호와의 말씀을 책에 담아 계속적인 교육이 가능하게 하였다. 이집트에서 노예 생활을 하던 이스라엘이 노예로부터 해방이 되었다고 해서 바로 성자들이 되는 것은 아니었다. 이들은 이제 노예의 근성을 뿌리뽑고, 여호와의 선민다운 생각을 해야 하며, 선민다운 언행을 해야 하고, 무엇보다 여호와의 제사장다운 백성이 되어야 했다. 이것은 세월이 가르쳐 줄 일이 아니었다. 가만히 앉아서 세월이 흐른다고 해서 배워질 일이 아니라 혹독한 훈련을 통하여 몸에 익혀야 할 일이었다. 이 점에 있어서 모세는 노예들을 하나님의 황태자로 만든 위대한 교육자였다. 특히 모세는 이스라엘 백성에게 광야에서 하나님의 말씀을 선포하고 가르친 성경선생이었다.

3) 전장에서 말씀을 가르치는 여호수아

여호수아는 모세의 후계자로 출애굽한 이스라엘이 가나안 땅을 차지하는 정복 전쟁의 야전 사령관이었으며, 정복한 땅의 분배를 총 지휘한 지도자였다. 그는 야전 사령관으로서 정복 전쟁을 시작하기 전에 여호와께서는 그에게 "이 율법책을 네 입에서 떠나지 않게 하고 그 가운데 기록된 모든 것을 지켜 행하도록 주야로 그것을 묵상하여라. 그리하면 네 길이 평탄해 질 것이며 네가 형통할 것이다."(1:8)라고 말씀하셨다. 하나님께서는 가나안 정복 전쟁을 해야 하며, 정복한 땅을 분배해야 할 지도자에게 전술을 익히고, 지도력을 기르는 일보다 하나님의 말씀을 주야로 묵상하는 일이 더 중요함을 일깨워 주신 것이다. 이 때문에 여호수아는 여리고와 아이를 정복한 후 에발 산에서 철 연장으로 다듬지 아니한 새 돌로 단을 쌓고, 그 돌에 모세가 기록한 율법 사본을 기록했다.

> "그 후 여호수아는 율법책에 기록된 대로 율법의 모든 말씀, 곧 축복과 저주를 낭독했으니, 모세가 명령한 모든 것 가운데 여호수아가 이스라엘 온 회중과 여자들과 아이들과 그들 가운데 살고 있는 이방 거류민들 앞에서 낭독하지 않는 말씀이 하나도 없었다." (수 8:34-35)

여호수아가 전쟁이 끝난 후 백성들을 모아놓고 한 일은 여호와 앞에 번제와 화목제를 드리고(8:31), 백성들에게 여호와의 말씀을 낭독하는 것이었다. 승리의 축제를 가진 것도 아니었다. 백성들에게 여호와의 모든 말씀, 곧 축복과 저주의 규정을 낭독함으로써 백성들을 교육한 것이다. 여호수아는 이 모든 승리가 여호와의 말씀대로 여호와 하나님께서 그들을 위하여 싸우신 것임을 확인시키고, 나아가서 앞으로도 계속하여 여호와의 말씀을 순종하도록 다짐 시켰다.

그는 정복 전쟁과 땅 분배를 마치고 여호와의 종으로서의 그의 임무를 마치고자 할 때, 이스라엘 모든 지파들을 세겜에 모아놓고 언약을 맺었다. 그는 여호와 하나님께서 그의 조상 아브라함으로부터 시작하여 하란 땅으로부터 가나안, 이집트, 출애굽, 광야 생활, 그리고 가나안 정복과 땅 분배 등의 역사 속에서 어떻게 그들을 인도하셨으며, 그의 조상들과 그들에게 무슨 약속을 하셨는지를 말했다. 그리고 이스라엘에게 오로지 여호와만을 섬길 것을 촉구하였다.

"그러므로 이제는 여호와를 경외하며 온전함과 진실함으로 그 분을 섬겨라. 너희의 조상이 강 건너편과 이집트에서 섬기던 신들을 없애버리고 여호와만 섬겨라. 만일 여호와를 섬기는 것이 너희에게 좋지 않게 보이면 너희 조상이 강 건너 편에서 섬기던 신이든지 너희가 살고 있는 땅 아모리 사람의 신이든지 너희가 어떤 신을 섬길 것인지를 오늘 선택하여라. 그러나 나와 내 집은 여호와를 섬기겠다."(수 24:14-15)

여호수아는 이스라엘에게 그들이 원하는 신을 선택할 것을 촉구하며 자기는 여호와를 섬기겠다고 천명한다. 그때에 백성들은 "우리가 여호와 우리 하나님을 섬기고 그분의 음성에 순종하겠습니다."(수 24:24)라고 응답하였다. 그래서 여호수아는 그 날에 세겜에서 백성을 위하여 언약을 맺고, 그들을 위하여 규례와 법도를 세웠다(수 24:25). 그 후 그는 이 모든 말씀을 율법책에 기록하고 큰 돌을 가져다가 증거로 여호와의 성소 곁에 세웠다. 여호수아는 전장에서 병사들을 이끌고 전투를 지휘하는 야전 사령관이었지만 백성들에게 말씀을 가르치고, 백성들에게 여호와 하나님께 대한 믿음과 충성심을 심은 지도자이자 말씀의 종으로서 모세의 역할을 계승한 사람이라고 할 수 있다. 그는 말씀의 야전 사령관이자 말씀 사역자였다.

4) 말씀이 희귀한 사사 시대

사사기 2장 11-23절은 사사 시대 전반에 걸친 이스라엘 백성의 하나님께 대한 반복적인 배교와 여호와 하나님의 구원을 기술하고 있다. 그

양식은 다음과 같다.[54]

(1) 여호와께 대한 이스라엘의 배교
(2) 이스라엘에 대한 이방인의 압제
(3) 구원을 부르짖는 이스라엘
(4) 사사를 통해 이스라엘을 구원하시는 여호와
(5) 사사가 사는 날 동안의 평회

이 가운데 2:21-23은 여호와께서 이스라엘이 이방 족속들에게 노략질 당하게 내버려두고, 이방 민족을 그들 앞에서 쫓아내지 않는 이유를 밝히셨다. 그 이유는 "그들의 조상이 그랬던 것처럼 이스라엘이 여호와의 길을 지켜 행하는지 행하지 않는지 그들을 시험하겠다"는 것이었다.

불행하게도 사사 시대는 이스라엘이 여호와의 말씀을 지켜 행하지 않았던 때였다. 이 시대 사람들은 이스라엘에 왕이 없으므로 자기 보기에 옳은 대로 행하였다(삿 21:25)고 했다. 하나님의 백성이 하나님의 말씀을 붙잡고, 말씀에 순종하며 살아야지, 자기의 소견에 따라 살아서는 안 되는 것이다. 사람들이 자기 보기에 좋을 대로 사는 세상은 결국 혼란에 빠질 것이다. 사람이 사는 곳에는 어떤 표준이 있고 규칙이 있어야지, 각자가 자기 좋을 대로 산다면 이러한 세상은 결국 무질서와 혼란의 세상이 되며 사람들은 다 자기의 욕심을 채우기 위하여 광분할 것이다. 그러나 사사 시대의 이스라엘에는 신앙과 생활의 규칙이 되어야 할 말씀이 없었다. 사람들의 삶을 이끌어 주어야 할 절대적인 표준과 규범이 되어야 할 말씀이 없었다. 사사시대에는 말씀이 희귀하고 환상도 자주 나

54 Raymond B. Dillard & Tremper Longman Ⅲ, *An Introduction to the Old Testament* (Grand Rapids: Zondervan, 1994), 124-125.

타나지 않은 때였다(삼상 3:1). 말씀을 가르치는 지도자도 없었고, 말씀에 특별히 관심을 가진 자도 없었다. 말씀이 없었기 때문에 사사 시대는 이스라엘의 역사 가운데 가장 어두운 시대였다. 그 이유를 성경은 이스라엘에 왕이 없기 때문이라고 말한다. 이것은 앞으로 왕의 필요성과 그 출현을 예견하는 말씀이라고 할 수 있다. 사사들은 여러모로 불완전한 지도자들이다. 그러나 앞으로 출현할 이스라엘의 왕은 사사와 다르게 백성들을 보호하며, 그 백성들을 하나님 앞으로 인도하는 지도자가 된다.

5) 순회 성경선생, 사무엘

사사시대는 말씀 운동이 가장 빈약한 때였다. 사사시대에서 왕정시대로의 역사적 전환기인 사무엘 선지자 시대를 가리켜 성경은 "소년 사무엘이 엘리 앞에서 여호와를 섬겼는데 그 당시에는 여호와의 말씀이 희귀하고 환상도 자주 나타나지 않았다."(삼상 3:1)고 말한다. 여호와께서는 이 어두운 시대에 아이 사무엘을 그의 선지자로 세우시고 그를 통하여 말씀하시고 말씀 사역을 이루셨다.

"사무엘이 성장해 갔으며, 여호와께서 그와 함께하셔서 그의 모든 말 중 하나라도 땅에 떨어지지 않게 하셨으니, 단에서부터 브엘세바까지 온 이스라엘이 사무엘은 여호와의 선지자로 세우심을 받은 것을 알게 되었다. 여호와께서 실로에 다시 나타나셨는데, 여호와께서 실로에서 여호와의 말씀으로 사무엘에게 자신을 나타내셨다." (삼상 3:19-20)

단에서부터 브엘세바까지 온 이스라엘이 여호와께서 사무엘을 그의 선지자로 세우심을 알게 된 것은 사무엘의 말이 하나라도 땅에 떨어지지 않았기 때문이다. 여기에서 "모든 말 중 하나라도 땅에 떨어지지 않게 하였다."는 뜻은 여호와께서 사무엘이 하는 말은 무엇이든지 그대로 이루어지게 하셨다는 것이다. 신명기 18:21-22에는 사람들이 참 선지자와 거짓 선지자를 구분하는 방법으로 그가 말한 것이 이루어졌는지 이루어지지 않았는지를 보면 안다고 가르친다. 사무엘의 말은 한마디 한마디가 다 하나님의 말씀이어서 놓칠 수 없었고, 사람들은 그것을 다 그들의 마음속에 받아 담았다는 것이다. 그래서 심지어 후에 이스라엘의 초대 왕이 되었던 사울의 종도 그의 주인에게 사무엘이 "존경을 받는 분이며, 그가 말한 것은 무엇이든지 다 이루어집니다."(삼상 9:6)고 말한다. 사무엘의 말이 온 이스라엘에게 전해진 것이다(삼상 4:1). 여호와께서는 그의 실재를 사무엘의 입을 통하여 이스라엘에게 알리셨다. 따라서 여호와께서는 여호와의 말씀으로 실로에서 사무엘에게 나타나셨다고 말한다.

사무엘의 사역 가운데 가장 큰 일은 하나님께서 직접 자기 백성 이스라엘을 다스리시는 신정(Theocracy) 시대를 마감하고, 왕정 시대를 연 것이라고 할 수 있다. 백성들이 여호와께서 그들의 왕이심을 거절하고 인간 왕을 구할 때 선지자 사무엘은 이를 불쾌하게 생각했지만 여호와의 말씀을 좇아 백성들에게 왕의 제도를 설명해준다. 그리고 사울을 이스라엘의 왕으로 세우는 일을 한다.

지금까지 이스라엘은 여호와를 그들의 왕으로 섬겼다. 출애굽 할 때에 이스라엘 백성들은 시내 산에서 여호와 하나님과 더불어 언약을 맺었다. 이 언약은 여호와께서는 이스라엘의 왕이 되시고 이스라엘은 여호와의 백성이 되는 왕의 언약(Covenant of Kingship)이었다.[55] 400년 동안이나 이집트 왕 바로의 백성으로 노예생활을 하던 이스라엘이 비로소 이집트 왕 바로로부터 해방이 되어 여호와 하나님의 백성이 되었다. 이제 이스라엘은 이집트의 노예로부터 천지를 창조하시고 만유를 다스

55 손석태 『목회를 위한 구약신학』 426.

리시는 하나님의 백성으로 그의 신분이 바뀌었다. 그래서 이스라엘의 왕 여호와께서는(사 43:15; 시 145:1; 149:2) 그의 백성 이스라엘을 위하여 가나안 땅을 살 곳으로 내주시고, 이스라엘을 친히 통치하시며, 재판하시고, 보호하시며, 먹이시는 일을 해오셨다. 특히 전쟁에서 여호와께서는 이스라엘을 위하여 직접 싸우시고, 그의 백성을 보호하시므로 왕으로서의 역할을 다하셨다(사 43:15; 시 145:1; 149:1).

그럼에도 불구하고 이스라엘은 여호와께서 그들의 왕 되심을 거절하고, 인간 왕을 구한다. 여호와께서는 이스라엘이 구하지 않더라도 이미 아브라함 때부터 왕을 주실 약속을 하시고(창 17:6; 35:11; 49:9-10), 신명기 17:14-20에는 이스라엘의 왕이 지켜야 할 법도까지 다 말씀하셨다. 그래서 때가되면 주시겠지만 이스라엘 사람들은 자기들도 이방 나라들처럼 왕을 세워, 왕이 자기들을 다스리게 해달라고 요구한다. 그들의 왕을 구하는 동기가 이방 나라들처럼 되고 싶다고 말하는 것은 그 동기가 선하지 않다. 그럼에도 불구하고 여호와께서는 사무엘에게 왕의 제도를 백성들에게 가르치라고 명하신다. 사무엘이 가르친 왕정의 제도(삼상 8:10-18)는 그 내용에 있어서 신명기 17장의 연속이라고 할 수 있다. 그리고 여호와께서는 그들의 요구대로 사울을 왕으로 주시고, 왕과 이스라엘 백성은 사무엘이 중보자가 되어 언약을 맺는다(삼상 12장).[56] 왕정의 언약(the covenant of kingship)을 맺은 것이다. 따라서 이 인간 왕은 여호와의 분봉왕(vassal king)이 되며, 인간 왕과 이스라엘 백성 사이에는 주종의 언약적 연대성이 형성되는 것이다. 인간 왕은 대왕(suzerain king)이신 여호와를 대신하여 여호와의 백성을 통치하는 것이다. 따라서 인간 왕과 백성들 사이에는 언약적 연대성이 형성되며, 왕의 의무는 그의 백성들이 여호와께 충성하도록 인도하는 것이며, 여호와를 대신하여 그의 백성을 보호하며 통치하는 것이다. 특히 전쟁이 일

---

56 위의 책, 425-426.

어날 때면 왕은 백성들 앞서 나가서 백성들을 위하여 싸워야 했다(삼상 8:5, 20). 왕과 백성들 사이에는 그들의 대왕이신 여호와 앞에서 언약적 연대성을 가짐으로 왕의 잘못은 백성의 잘못이며 왕의 의로움은 백성들의 의로움이 되는 것이었다.[57]

여기서 사무엘의 역할은 중요하다. 사무엘이 선지자의 사역을 시작할 때는 말씀이 희귀하고 환상도 자주 나타나지 않았다(삼상 3:1)고 했다. 이때에 사무엘은 하나님의 말씀을 가르치며, 백성들을 지도하였다. 그는 엘리 제사장과 그의 아들 홉니와 비느하스 등의 부패한 제사장들 밑에서, 마음이 괴로워하는 백성들에게 하나님의 말씀을 가르쳐 여호와께 돌아오게 하는 일을 할 뿐 아니라 신정시대에서 왕정시대로, 사사시대에서 왕의 시대로 넘어가는 역사적 전환점에서 말씀으로 백성을 다스린 사사요, 선지자였다. 말하자면 사무엘은 이스라엘의 왕정을 하나님의 말씀의 터 위에 세웠으며, 이 일의 모든 기초 작업을 한 것이다. 그는 각 성읍을 순행하며 이 일을 이루었다.

6) 노래를 지어 여호와를 경외하는 법을 가르친 다윗

다윗은 구속사 가운데 아브라함에 이어 가장 중요한 인물 중에 하나이다. 그는 정치적으로 이스라엘 왕국을 통일하고, 군사적으로는 블레셋의 골리앗으로부터 민족을 구원한 사람이다. 여호와께서는 그를 가리켜 "내 마음에 맞는 사람이다. 그가 내 모든 뜻을 행할 것이다."(행 13:22, 렘 3:15 참조)라고 말씀하신다. 그리고 그의 몸에서 날 자식을 그의 뒤에 세워서 그의 나라를 영원토록 견고케 하겠다고 약속하신다(삼하 7:4-17). 여호와께서는 그의 은혜로운 선택을 통하여 다윗을 이스라엘의 목자이자 주권자로 세우신다. 이때 다윗은 말한다.

57 위의 책, 423-428.

"여호와께서 내 의를 따라 내게 보상하시며 내 손의 정결함을 따라 내게 갚으셨다. 이는 내가 여호와의 길을 지키고 내 하나님을 떠나 악을 행하지 않았으며, 참으로 그분의 법도를 내 앞에 두고 그 분의 모든 규례를 버리지 않았기 때문이다."(삼하 22:21-23)

다윗은 자기가 여호와의 도를 지켰고 모든 법도와 율례를 버리지 않았다고 했다. 그리고 더 나아가 "여호와의 영이 나를 통하여 말씀하시니 그 분의 말씀이 내 혀에 있다."(삼하 23:2)라고 말한다. "그 분의 말씀이 내 혀에 있다."는 말은 여호와께서 다윗에게 말씀하셨다는 의미가 아니다. 여호와께서 다윗에게 말씀하셨다면 귀를 언급하지 혀를 언급하지 않았을 것이다. 여호와께서는 그의 말씀을 다른 사람에게 들려주려고 하셨기 때문에 다윗의 혀가 필요했다. 다윗의 혀는 하나님께서 그의 백성들에게 말씀하시는 도구가 된 것이다(벧후 1:21). 말하자면 다윗은 선지자가 된 것이다(마 22:43; 행 1:16; 2:30; 4:25; 히 4:7).[58]

다윗은 많은 시를 써서 시편에 남겼다. 그리고 그것을 작곡해 스스로 노래를 부르고 그 노래를 백성들에게 가르쳤다. 다윗은 그의 언약의 벗 요나단이 블레셋과의 전투에서 전사하자 그를 추모하는 글을 쓰고 곡을 붙여 이스라엘의 병사들에게 그것을 가르치며 그를 애도하고 그의 모범을 배우도록 하였다(삼하 1:17-18). 또한 그는 그 자신을 가리켜 "이스라엘의 노래 잘하는 자"(삼하 23:1)라고 했다. 다윗은 아삽과 헤만과 여두둔과 그들의 자손 중에서 구별하여 신령한 노래를 하며, 여호와께 감사하고 찬양함으로 하나님을 섬기도록 했다(대상 25:1-5). 특히 헤만은 "하나님의 말씀을 받드는 왕의 선견자"(הזה המלך בדברי האלהים, 대

---

58 Robert D. Bergen, 1.2 Samuel. *The New American Commentary*. vol. 7B (Broadman & Holman Publisher, 1996), 565-566. P. Kyle McCarter. Jr. *II Samuel: A New Translation with Introduction and Commentary*. The Anchor Bible. (Garden City: Doublday & Company, 1984), 480.

상 25:5)라고 했다. 이 때의 선견자란 여호와를 찬양하는 가사를 쓰고, 이것을 악기에 맞추어 노래하는 자를 일컫는 것 같다. 물론 이것을 본문에는 "예언하다"고 번역하는 "나바"(נבא)라는 동사를 사용하고 있다. 후에 이러한 노래들은 구약 성경의 일부가 되었다.[59] 이러한 사실을 통하여 볼 때에 이 선견자는 성령의 인도하심을 받은 자들이며, 하나님의 대언자로서 찬양시를 쓸 뿐만 아니라 하나님의 백성들이 하나님을 바로 찬양하도록 지도하는 사람이었음을 알 수 있다. 이처럼 다윗은 스스로 시를 쓸 뿐만 아니라 성가대를 조직하여 활동하게 한 모습에서 다윗의 활발한 말씀 사역의 일면을 볼 수 있다.

다윗은 이스라엘 모든 백성을 예루살렘으로 소집하고, 성전 건축을 지시하며 다음과 같이 촉구한다.

"이제 너희는 온 이스라엘, 곧 여호와의 회중이 보는 앞에서, 그리고 우리 하나님께서 들으시는 가운데서, 여호와 너희 하나님의 모든 명령을 따르고 지켜라. 그리하면 너희가 이 좋은 땅을 차지하여 너희 후손에게 영원한 유업으로 물려주게 될 것이다." (대상 28:8)

이스라엘이 성전 건축을 위한 헌금을 내기 전에 여호와의 모든 계명을 지키겠다는 서원을 먼저 하라는 것이다. 다윗은 성전보다 백성들이 하나님의 말씀을 지키는 것에 더 깊은 관심을 가지고 있었다. 말씀의 종으로서 다윗은 스스로 수많은 시를 썼다. 시편 19편에 다윗은 하나님의 자연 계시와 더불어, 여호와의 말씀이 세상 끝까지 이른다고 했다(시 19:4). 그리고 그는 여호와의 말씀의 완전성, 확실성, 창조성, 정당성, 순

---

59 아삽(시 50, 73-83), 여두둔(시 39, 62, 77) 등은 시편의 표제로, 헤만은 The Ezrahite으로 시 88(대상 6:33)의 저자와 동일 인물이다. 아삽이 "예언했다", 헤만을 "호제"(הזה)라고 하는 것은 이들이 성령의 인도하심을 받은 자들이며 하나님의 대언자로서 찬양시를 쓸 뿐 아니라 찬양하도록 한 자들임을 보여주는 것이다.

수성 등에 대하여 다음과 같이 말하고 노래하고 있다.

"여호와의 율법은 완전하여 영혼을 소생시키고, 여호와의 증거는 확실하며 어리석은 사람을 지혜롭게 하며, 여호와의 교훈은 정당하여 마음을 즐겁게 하며, 여호와의 명령은 순수하여 눈을 밝게 한다. 여호와를 경외하는 도는 정결하여 영원토록 지속되고, 여호와의 법도는 진실하여 한결같이 의로우니 금 곧 많은 순금보다 더 사모할 것이며, 꿀, 곧 송이꿀보다 더 달다. 또 주님의 종이 이로 인하여 징계를 받고, 이를 지킴으로 상이 크다." (시 19:7-11)

다윗은 하나님의 말씀이 인간의 심령 속에서 어떻게 역사하는지 정확하게 알고 있는 사람이었다. 뿐만 아니라 말씀만이 사람의 심령을 소생시키고, 변화시키고, 지혜롭게 한다는 것을 아는 사람이었다. 위 시는 말씀만이 우리 인생들이 가장 사모하고 추구해야 할 것임을 천명하는 시이다. 즉, 말씀의 종으로서 다윗은 스스로 시를 쓰고 곡을 붙여 백성들이 노래 부르도록 함으로써 교육 목회를 한 것이다. 그는 왕이었지만 대왕이신 여호와 하나님의 분봉왕으로서 그의 백성들에게 하나님의 말씀을 신뢰하고 따를 것을 지도함으로 그의 왕으로서의 가장 기본적인 의무와 책임을 다했다. 때로는 백성들에게 율법과 율례를 가르쳐 하나님을 믿고 따르게 하는 것보다는 노래로 여호와께 감사하고 찬양하게 하는 것이 보다 더 적극적인 신앙 교육일 수도 있다. 그렇기 때문에, 다윗은 백성이 단순히 율법을 지키고 말씀을 지식적으로 아는 것보다는 찬송과 감사를 통해 여호와와 보다 인격적인 관계를 갖고, 그분을 사랑하고, 사모하도록 교육시킨 것이다. 바로 이런 점 때문에 하나님께서는 다윗을 가리켜 "내 마음에 합한 사람"(행 13:22; 삼하 7:12, 16)이라고 말씀하신 것이 아닐까?

7) 성경교사들을 파송하여 백성을 가르친 여호사밧

여호사밧은 아합이 북이스라엘을 다스릴 때 유다를 치리했던 왕이다. 성경은 역대 왕들 중에 드물게 그를 높이 칭찬한다.

"여호와께서 여호사밧과 함께 하셨는데, 이는 그가 그의 조상 다윗이 초기에 갔던 길을 따라 행하여 바알들을 찾지 아니하였으며, 오직 그의 아버지의 하나님을 찾으며 그분의 계명대로 행하고 이스라엘의 행위를 따르지 않았기 때문이다. 그러므로 여호와께서 나라를 그의 손에서 견고하게 하셨다. 온 유다 사람이 여호사밧에게 예물을 드렸으므로, 그에게 부귀와 영광이 대단하였다." (대하 17:3-5)

여호와께서는 여호사밧이 왕위에 있는 동안 솔로몬 이후 가장 강성한 나라를 이루며, 온갖 부귀와 번영을 누리게 하셨다. 이는 여호사밧이 이방신을 멀리하고 여호와를 구하며 그의 계명을 지켰기 때문이다. 여호사밧은 스스로 여호와의 계명을 지켰을 뿐만 아니라 백성들에게 여호와의 율법을 가르치고 깨우치는 일을 조직적으로 했다.

"여호사밧이 왕이 된 지 제 삼 년에 그의 장관들인 벤하일과 오바댜와 스가랴와 느다넬과 미가야를 보내어 유다의 성읍들에서 사람들을 가르치게 하였다. 그들과 함께 레위 사람 스마야와 느다냐와 스바댜와 아사헬과 스미라못과 여호나단과 아도니야와 도비야와 도바도니야를 보내면서, 제사장 엘리사마와 여호람도 함께 보냈다. 그들이 여호와의 율법책을 가지고 유다에서 가르쳤는데, 그의 모든 성읍을 순방하며 백성들을 가르쳤다." (대하 17:7-9)

여호사밧은 모세와 여호수아가 했던 것과 같이 대규모의 군중집회를 여는 대신 성경 선생을 각 성읍에 파송하여 백성을 가르치게 하였다. 성경을 가르칠 수 있는 사람은 장관들과 레위인들과 제사장이었다. 이중에 장관들은 성직자들이 아니라 평신도들이다. "장관"은 개역성경에서 "방백"으로 번역하고 있는 데 이들은 왕족으로 정사에 참여하는 사람들이다. 그러나 이들의 이름이 먼저 언급된 것을 보면 단순히 그들이 권력을 가진 지도자였기 때문이라기보다는 말씀을 가르치는 능력에 있어서 레위인이나 제사장들보다 더 뛰어났기 때문이라고 할 수 있을 것이다. 이들은 "유다의 모든 성읍"(בכל ערי יהודה)을 순회하며 백성을 가르쳤다. 특히 본문은 이들이 "모든 성읍"을 돌아다니며 가르쳤다는 것을 강조하는 것 같다. 뿐만 아니라 여기에 성경 교사들의 이름을 낱낱이 기록하고 있는 것을 보면 역대서 저자는 하나님의 구속사에 있어서 성경교사들의 중요성을 인식하고 강조하고 있음에 틀림없다.[60]

이들이 유다의 성읍을 순방하며 가르친 결과는 무엇인가?

"여호와께서 유다 주위에 있는 모든 나라에게 두려움을 주시니, 그들이 여호사밧을 대항하여 싸우지 못하였다." (대하 17:10)

여호와께서 유다 사면의 열국에게 유다를 두려워하는 마음을 갖게 하셨다. 그리하여 감히 유다를 대항하여 전쟁을 벌일 엄두를 내지 못하게 한 것이다. 결국 유다는 군사 대국을 이루어 그 수효가 무려 백만 명이 넘었고, 각 곳에 군 진영과 국고성을 건축했으며, 블레셋을 비롯해 아라비아 사람들도 조공을 바치게 되었다(대하 17:11-19).

그러나 여호사밧은 북왕국의 아합 왕과 유익이 없는 사돈 관계를 맺고, 아합의 간청을 물리칠 수 없어 길르앗 라못을 치러 함께 올라갔다

60 손석태 "여호사밧의 부흥운동"『개신논집』8(2008), 9-11.

가, 아합 왕은 전사하고, 자기는 가까스로 목숨을 부지하고 도망쳤다(대하 18). 여호사밧은 이 일로 선지자 예후로부터 심한 꾸중을 듣게 되었고(대하 19:1-3), 그 후 회개하였다.

> "여호사밧은 예루살렘에 살면서 다시 브엘세바에서부터 에브라임 산지까지 백성들을 순방하고 그들을 여호와 그 조상의 하나님께 돌아오게 하였다." (대하 19:4)

그는 예루살렘으로 돌아왔다. 그리고 그동안 중지하고 있었던 백성들의 말씀교육을 다시 시작했다. 여기서 "다시"라는 말이 의미가 깊다. 히브리어 원문에는 "다시"라는 말이 없다. 히브리어 본문, "바이에셉 … 바이야샵 바이에체 … 바에루쉠" (וַיֵּשֶׁב … וַיָּשָׁב וַיֵּצֵא … וַיְשִׁבֵם)을 직역하면 "그가 (예루살렘에서) 살았다. … 그리고 그가 돌아왔다 그리고 나가서 … 그리고 그가 그들을 돌아오게 하였다."라고 할 수 있다. 여기서 "돌아왔다"는 말은 분명 전장에서 돌아왔다는 의미는 아니다. 왜냐하면 이미 그는 예루살렘에서 살고 있었기 때문이다. 그렇다면 그는 이미 하다가 중단했던 일로 다시 돌아왔다고 이해해야 한다. 말하자면 그는 그동안 중단했던 백성의 말씀 교육을 다시 계속했다는 의미이다. 따라서 "다시"라고 번역하는 것이 마땅하다. ESV, NASB, NIV, 그리고 "바른성경"도 "다시"라고 번역하고 있다.[61] 전에 그는 장관과 레위인과 제사장을 보내서 백성을 가르치게 하였지만 이번에는 그 자신이 직접 교육에 참가하여 앞장섰다. 이 결과 유다는 다시 강국을 이루게 되었다.

이 일이 있은 후 모압과 암몬과 마온 사람들이 전쟁을 일으켰다. 마온 사람들은 유다 남쪽 경계선에 있는 세일 산 주민들을 일컫는다(대상 20:10, 22, 23). 여호와께서는 이스라엘이 출애굽할 때에 모압 자손과

---

61 손석태 『목회를 위한 구약신학』 (서울: CLC, 2006), 423-435.

암몬 자손과 마온 사람들을 침공하지 못하게 하셔서 이스라엘은 그들을 살려주고 멀리 돌아서 요단으로 올라갔다. 그런데 이제는 이들이 연합하여 이스라엘을 공격하여 엔게디에 주둔하고 있다는 침략 소식을 들은 여호사밧은 그의 백성에게 금식을 선포하고 그의 백성들을 모아 여호와 앞에 기도했다. 그의 기도 내용은 여호와는 온 세계를 다스리시는 권세와 능력을 가지신 하나님, 그의 조상 아브라함에게 그 땅을 주신 하나님, 그리고 온갖 재난과 전쟁으로부터 그들을 구원하시는 하나님이시라는 것을 말하고, 출애굽 때 살려준 이들이 오히려 배은망덕한 앙갚음을 하려고 침공했으니 "우리가 어떻게 해야 할지 몰라 오직 주만 바라보고 있습니다."라고 기도했다 (대하 20:5-12). 이 기도는 성경을 가르치는 왕다운 기도이고 성경적인 기도이다. 여호와께서 그의 백성을 지금까지 어떻게 돌보았는지 정확하게 그리고 상세하게 알고 있다.

이때 하나님께서는 선지자 야하시엘을 통하여 다음과 같이 말씀하신다.

"온 유다와 예루살렘 주민과 여호사밧 왕은 들으십시오. 여호와께서 여러분에게 이렇게 말씀하십니다. 이 큰 무리들 때문에 두려워하지 말고, 놀라지 마라. 이 전쟁은 너희의 전쟁이 아니라 하나님의 전쟁이다. 내일 너희가 그들을 대항하여 내려가라. 그들이 시스 고개로 올라올 것이니, 너희가 골짜기 입구 여루엘 들 앞에서 그들을 만날 것이다. 너희는 이 전쟁에서 싸울 일이 없다. 전열을 가다듬고 서서 너희와 함께 하시는 여호와의 구원을 보아라. 유다와 예루살렘이 두려워하지 말고 내일 그들을 향하여 나아가라. 여호와가 너희와 함께 하실 것이다." (대하 20:15-17)

이 말을 들은 여호사밧은 전장에 앞서 나가며, "유다와 예루살렘 주민들아, 내 말을 들어라. 여호와 너희 하나님을 신뢰하여라. 그러면 견디어 낼 것이다. 그 선지자를 신뢰하여라. 그러면 승리할 것이다."(대하 20:20). 그리고 노래하는 찬양대를 군대 앞에 앞세우고 나아가며, "여호와께 감사하여라. 그분의 인애가 영원하시기 때문이다."(대하 20:21)라고 찬양하였다. 하나님께서 말씀하신 대로 유다와 여호사밧은 이 전쟁에서 대승하였다. 그들은 그들이 승리했던 그곳에 여호와를 기념하기 위하여 "브라가 골짜기"(עמק ברכה)라고 불렸는데 "축복의 골짜기"라는 의미이다(20:26). 역대서 저자는 이 결과를 다음과 같이 기술하고 있다.

> "세상 모든 나라가 여호와께서 이스라엘의 적군을 치셨다는 소문을 듣고 하나님을 두려워하였다. 여호사밧의 하나님께서 사방에서 그에게 안식을 주셨으므로 그의 왕국이 평온하였다." (대하 20:29-30)

여호사밧은 그 자신이 하나님의 말씀을 잘 알았고 그래서 백성들을 가르쳤으며, 백성들 앞서 여호와 하나님께 기도하며, 특히 그의 백성에게 선지자를 믿도록 격려하는 것을 볼 수 있다. 이 전쟁 이야기는 전형적인 "성전"(The Holy War)의 예이다.[62] 이스라엘이 부른 노래는 다윗이 오

---

62 성전(Holy War)이란 "여호와의 전쟁"(YHWH War) 혹은 "신적 전쟁"(Divine War)이라고도 불리는 데, 하나님께서 그의 백성을 위하여 싸우는 전쟁을 일컫는다. 출애굽 사건, 여리고 정복 작전, 기드온 전쟁 등이 대표적인 예이다. 여호와의 전쟁은 여호와께서 비나 우박 등의 급작스러운 기상 변화나 동료 군사들을 적군으로 오인시켜 아군들끼리 살상하게 하는 등의 작전으로 적군을 물리치기 때문에 이스라엘은 직접 전투를 하지 않고, 다만 도망가는 적군을 추격하고 전리품을 거두거나 탈취하는 일을 한다. 하나님께서 싸워 주시기 때문에 병사들의 수가 많아야 할 필요가 없으며, 전리품은 하나님의 것이기 때문에 하나님께 돌리는 의미로 사람이 그것을 취하지 못하게 진멸하도록 엄하게 명하신다(수 6:18). 이 진멸할 물건("헤렘"[חרם])을 진멸하지 않고, 그것을 개인적으로 착복할 경우 그는 "진멸의 법"에 따라 그와 그의 진영이 다 진멸되게 된다. 여호와의 전쟁에서 진멸할 물건을 착복하는 것은 단순한 도적질이나 약탈이 아니다. 전쟁의 주권자이신 하나님께 돌아가야 할 영광을 가로채는 신성 모독이다. 여리고 성을 정복할 때 아간 사건의 예나 사

벳에돔의 집에 있던 언약궤를 다윗 성의 그가 마련한 처소로 옮길 때 불렀던 노래 중에도 나오며(대상 16:34), 솔로몬이 성전을 건축하고 봉헌하는 찬양 가운데도 나온다(대하 5:13). 뿐만 아니라 시편 136편은 이 시구를 돌림 노래의 후렴 절로 사용하고 있다. 여호사밧은 여호와를 찬양하는 노래를 잘 알고 있었기 때문에 전장에 나가며 찬양대를 전투 병사들 보다 앞세우고 이 노래를 합창하며 나아가게 했다. 여호사밧은 말씀과 기도와 찬양을 통해 병사를 격려하고 하나님을 의지하게 한 왕이었다. 역대서 저자는 유다가 영적 부흥을 일으킨 것이 여호사밧의 성경 가르치기 운동의 결과였다는 것을 말하고 있는 것이다.

8) 말씀으로 종교개혁을 단행한 요시야

요시야는 여덟 살에 유다 왕이 되어 백성들에게 여호와께 대한 믿음을 심고자 종교 개혁을 단행한 사람이다. 왕이 된지 팔 년째 되던 해에 그는 산당을 헐고 아세라 목상을 비롯해 각종 우상들을 파괴하였다. 이를 본받은 백성들은 바알의 단을 헐고 각종 우상들을 찍어 빻아 가루를 만들어 거기 제사하던 자들의 무덤에 뿌리고 제사장들의 뼈를 불살랐다. 이 일을 가리켜 역대서 저자는 왕과 백성들이 "유다와 예루살렘을 정결케 하였다고 기록하고 있다(대하 34:1-7). 이는 엄청난 종교 혁신임에 틀림없다. 종교 혁신은 이방신을 떠나고 각종 우상을 제거한다고 해서 되는 일이 아니다. 이제 적극적으로 여호와를 믿도록 하는 작업이 수반되지 않으면 백성들은 다시 이방 종교로 되돌아갈 것이기 때문이다.

그때, 요시야 왕은 성전을 수리하던 중 율법책을 발견하자 그것을 읽고 옷을 찢고 통곡하며 유다와 예루살렘의 모든 장로들을 불러 모았다.

울 왕이 아말렉 족속을 온전히 진멸하지 못하여 하나님의 버림을 받고 진멸 당하는 사건이 그 대표적인 예이다 (수 7; 삼상 15:10-36; 28:18).

"왕이 사람을 보내어 유다와 예루살렘의 모든 장로를 불러 모으고 유다의 모든 사람과 예루살렘의 주민과 제사장들과 레위 사람들과, 어른에서 아이까지 모든 백성과 함께 여호와의 전에 올라가서, 여호와의 전안에서 발견한 언약책의 모든 말씀을 왕이 그들의 귀에 읽어주고, 또 왕이 자기 자리에서 서서 여호와의 앞에서 언약을 맺고, 마음을 다하고 목숨을 다하여 여호와를 따르며 그분의 계명과 증거와 규례를 지키고 이 책에 기록된 언약의 말씀대로 행할 것이라고 하였다. 그가 예루살렘과 베냐민에 있는 사람들을 모두 참여하게 하니, 예루살렘 주민들이 하나님, 곧 그들 조상의 하나님의 언약에 따라 행하였다. 이와 같이 요시야가 이스라엘 자손에게 속한 모든 땅에서 혐오스러운 것들을 다 없애고, 이스라엘에 있는 모든 사람들로 여호와 그들의 하나님을 섬기게 하였다. 요시야가 사는 날 동안 백성들이 여호와 그들의 조상의 하나님을 따르고 떠나지 않았다." (대하 34:29-33)

요시야는 백성들에게 율법책을 직접 읽어주고 그 계명과 법도와 율례를 지키도록 명했다. 그리하여 온 백성이 성대한 유월절과 무교절을 지켰는데, 그처럼 여호와의 말씀을 좇아 그대로 행한 유월절은 사무엘 이래 처음 있는 일이었다(대하 35:16-19). 이러한 민족적인 회개와 부흥은 무엇보다 왕 요시야의 지도력으로 이루어진 일이다. 왕은 대왕이신 하나님을 대신하여 백성을 다스리는 자이다. 이스라엘은 시내 산에서 여호와 하나님께서 그들의 왕이 되고 그들은 여호와의 백성이 되는 언약을 맺었다. 그리하여 여호와께서 그들을 돌보시고, 그들을 위하여 싸우시고, 그들을 다스리시는 신정국가를 이루었다. 그러나 이스라엘은 하나님께서 그들의 왕이 되는 것을 거절하고 인간 왕을 구하였다. 하나님께서는 그들이 요구하는 대로 사울을 왕으로 주셨다. 그리고 사무엘을 중보자로 세워서 여호와-왕-백성 사이의 새로운 언약을 맺었다. 그래서 왕은 대왕(suzerain king)이신 여호와 하나님의 분봉왕(vassal king)으로서 하나님을 대신하여 이스라엘을 통치하게 되었다.[63] 이때 왕이 해야 할 가장 중요한 일은 그 자신이 그의 언약주(The Lord of Covenant)이신 여호와 하나님을 진실되이 믿고 그의 말씀에 순종하며, 그의 백성이 여호와의 언약 백성으로서 여호와를 신뢰하며, 그의 말씀에 복종하여 살도록 이끄는 것이었다. 그러나 불행하게도 이스라엘의 왕들은 언약의 주 하나님을 배반하고, 이방신을 섬기는 데 앞장을 서서 그의 백성을 배도의 길로 인도하여 여호와의 진노를 유발시켰다. 유다는 이제 그 명이 얼마 남지 않은 상태에 있었다. 이때에 요시야는 성전에서 율법책을 발견하고 그것을 읽고 먼저 회개한 후, 백성들을 회개시키고, 율법책대로 유월절 명절을 새롭게 지켰다. 그는 말씀의 발견과 말씀의 실행을 통하여 민족을 하나님 앞으로 이끌었던 지도자였다. 결과적으로 하나님은 잠시나마 유다의 멸망을 유예하셨다.

9) 말씀으로 이스라엘을 재건하는 에스라

이스라엘이 하나님과의 언약을 배반한 결과 나라는 망하고, 그들은 바벨론의 포로로 끌려갔다. 그러나 여호와의 언약적 사랑으로 그들은 70년 만에 다시 고국으로 돌아오게 되었다(B.C.458, 에스라 7:6-9). 그러나 이때의 이스라엘은 예전의 이스라엘이 아니었다. 성도 예루살렘은 황폐하였고, 성전은 무너져 온데간데없고, 왕도 없었다. 포로생활 70년은 이스라엘 역사의 맥을 끊는 단절의 시간이었다. 포로생활에서 돌아온 이스라엘 백성들에게는 성도를 재건하고, 성전을 새로 건축하며, 나라를 다시 세우고, 문화 전통의 맥을 찾는 작업이 주요한 과제였다. 이러한 역사적 과제는 단순히 민족주의적인 이상이나 열정으로만 이룰 수

---

63 손석태 『목회를 위한 구약신학』 (.서울: CLC, 2006), 423-435.

있는 것이 아니었다. 그들은 여호와의 율법서로 돌아갔다. 백성들은 새벽부터 오정까지 수문 앞 광장에 모여, 서기관 에스라에게 율법책을 읽게 해 그것을 귀 기울여 듣고, 에스라가 하나님 여호와를 송축하매, 손을 들고 아멘, 아멘 응답하며 몸을 굽혀 얼굴을 땅에 대고 여호와께 경배했다(느 8:1-6). 이 일은 에스라 혼자 한 일이 아니었다.

"예수아와 바니와 세레뱌와 야민과 악굽과 사브대와 호디야와 마아세야와 그리다와 아사랴와 요사밧과 하난과 블라야와 같은 레위 사람들이 백성으로 율법을 이해하게 하였으며 백성들은 선 채로 있었다. 그들은 하나님의 율법책을 분명하게 낭독하고 그것을 설명하여 백성으로 그 낭독한 것을 이해하게 하였다. 모든 백성이 율법의 말씀들을 듣고 울었다. 이에 총독인 느헤미야와 제사장이며 서기관인 에스라, 백성을 가르치던 레위 사람들이 모든 백성에게 말하기를 "오늘은 여호와 너희 하나님께 거룩한 날이니 슬퍼하거나 울지 마라."하였고, 느헤미야가 또 그들에게 말하기를 "너희는 가서 기름진 음식을 먹고, 단 것을 마시며, 미처 준비하지 못한 자에게도 나누어 주어라. 오늘은 우리 하나님께 거룩한 날이니 너희는 슬퍼하지 마라. 여호와를 기뻐하는 것이 너희의 힘이 될 것이다."라고 하였다." (느 8:7-9)

이 말씀을 살펴보면 에스라의 말씀 사역의 일면을 볼 수 있다.

첫째, 그는 여러 레위인들과 함께 일했다. 본문은 그 레위인들의 이름을 기록하고 있는데 이는 여호사밧 시절에 성경 교사들의 이름을 성경에 기록해 놓은 것과 같다. 많은 사람들 가운데 이들의 이름을 낱낱이 이곳에 기록한 것을 보면 이들의 역할이 얼마나 의미 있고 중요한 일이었는지 알 수 있다.

둘째로, 이들은 말씀을 읽어줄 뿐 아니라 이것을 이해하게 하였다.

히브리어 "메포라쉬"(מפרש)라는 말은 "알리다"는 뜻의 강조 수동 분사형(Pual Participle)임으로 "알려지다" 혹은 "설명되다"는 뜻이다. 따라서 NASB나 TNK 등은 "통역하다"로 번역하기도 하나 앞의 "낭독하다"(ויקראו)는 말과 더불어 "분명하게"(clearly, making it clear) 등으로 번역하고 있다. 또한 다음 어휘 "베솜 세켈"(ושום שכר)은 "의미를 부여하다"(give the sense, give the meaning)로 번역하여 "해석하다"라는 뜻이다. 이는 에스라와 여러 성경 교사들이 성경을 분명하게 읽어주고, 해석해 준 것임을 암시한다. 이때, 이스라엘 백성들은 모두 선채로 있었다고 했다. 따라서 성경 교사들은 서 있는 백성들을 찾아다니거나 이해가 부족한 사람들을 찾아 따로 그룹으로 세워서 이 레위 교사들이 이해가 부족한 부분에 대해 자세한 설명을 해주었을 것이다. 에스라는 백성들이 하나님의 말씀을 바로 깨닫게 하기 위하여 세심하게 노력했다.

셋째로, 이러한 행동들의 결과는 백성들의 회개와 화합이었다. 백성들은 마음이 감동되어 눈물을 흘리며 슬피 울고 먹지를 못했다. 이들에게 에스라는 "여호와를 기뻐하는 것이 너희의 힘이 될 것이다"고 격려하며 먹기를 권유하고, 미처 먹을 것을 준비 못한 자들과도 같이 나눠 먹으라고 말한다. 말씀을 받고 음식을 같이 먹는 이 모습은 사도행전의 예루살렘 교회의 모습을 연상케 한다. 느헤미야 8:12에서 온 백성들이 함께 먹고 마시며 즐거워하고 기뻐했다고 했는데 그 이유는 "그들이 자기들에게 선포된 말씀을 밝히 깨달았기 때문이다."는 것이다. 먹고 마시기 때문에 즐거운 것이 아니라 말씀을 받고 그것을 깨달았기 때문이라고 했다.

포로 생활에서 돌아온 이스라엘 백성은 이처럼 말씀을 받는 일을 계속한다(느 8:13, 18; 9:3; 13:1). 그들은 하나님의 말씀을 통하여 하나님의 백성으로서의 정체성과 동질성을 회복하고, 성도 예루살렘을 재건하고, 성전을 건축하는 데 마음을 모으고 힘을 모았다. 말하자면 말씀을 통하여 이스라엘 재건의 신학적, 사상적, 정신적, 문화적 제도를 정비한 것이다.

이상에서 살펴볼 때 구약성경의 맥을 이루는 중요한 사건들, 특별히 민족적 부흥과 개혁과 재건의 역사는 모두 여호와의 말씀을 백성들에게 가르치고, 깨닫게 하고, 실천케 함으로 이루어졌음을 알 수 있다. 특히 이들은 많은 사람들을 모아놓고 말씀을 선포하는 군중집회보다는 작은 무리의 사람들에게 성경 교사들이 찾아가서 말씀을 가르치고 해석해주는 성경공부를 통해 부흥의 역사를 이루었다. 물이 바다를 덮음 같이 여호와의 지식이 충만한 세상을 만들기 위한 여호와의 희망은 구약 성경의 전 역사를 통하여 줄기차게 이어져왔다. 하나님께서 종말론적으로 이루시고자 하며, 회복하고자 하는 세상은 말씀이 왕노릇하는 세상이다.

제4장

말씀이 육신이 되신 하나님

여호와 하나님께서 종말에 이루시고자 하는 꿈은 세상의 모든 사람들의 가슴속에 여호와의 율법이 새겨져, 여호와 하나님을 알기 때문에, 더 이상 그 이웃을 향하여 여호와 하나님을 알라고 전도할 필요가 없는 세상, 말하자면 여호와의 지식이 온 땅에 충만한 세상이다.

그렇다면 여호와를 아는 지식이 온 땅에 충만함으로 이 땅에 참 평화가 깃드는 세상을 하나님께서는 어떻게 이루실 것인가? 하나님께서는 아브라함을 택하시고, 그의 후손들에게 말씀을 맡기셨다. 또한 모세와 선지자들에게 말씀을 주셔서 그의 백성들은 물론 세상의 모든 사람들에게 말씀을 가르쳐 그분 자신의 뜻이 이루어지도록 하셨다. 구약성경에서 보여주는 하나님의 비전이나 구약성경에서 이루어진 말씀 사역은 모두 앞으로 하나님께서 이루실 일들의 모형이요 예표이며 온전한 것이 아니다. 이제 하나님께서는 모형을 보이시는 일에서 실형을 보여주실 때가 되었다.

1. 육신이 되신 말씀

요한복음은 태초에 말씀이 계셨으며, 그 말씀이 하나님이시고, 그 말씀으로 모든 생명이 창조되었고, 세상이 창조되었다고 선언한다. 이는 창세기 1-2장 창조의 하나님께서 바로 말씀과 동일하다는 것을 말하고 있는 것이다. 그런데 이 말씀이 육신이 되었다. 하나님이신 말씀이 육신이 되었다는 것은 하나님께서 사람 몸이 되었다는 것이다.

"말씀이 육신이 되어 우리 가운데 계셔서 우리가 그분의 영광을 보았는데 아버지로부터 독생하신 분의 영광이었으며, 은혜와 진리가 충만하였다." (요한 1:14)

천지를 창조하신 능력의 하나님, 곧 말씀의 하나님께서 물이 바다를 덮음같이 여호와의 지식이 충만한 세상을 이루려는 그의 꿈을 실현시키기 위하여 친히 사람의 몸을 입고, 사람들이 사는 세상에 찾아오신 것이다.

말씀이신 하나님께서 육신을 입은 것은 성령으로 된 일이다. 가브리엘 천사는 마리아에게 "성령께서 네게 임하시고 지극히 높으신 분의 능력이 너를 덮을 것이다. 그러므로 태어날 거룩한 아기는 하나님의 아들이라고 불릴 것이다."(눅 1:35)고 말했다. 성령의 역사로 말씀이 육신이 되었다. 말씀과 성령이 예수 그리스도의 몸을 이룬 것이다. 따라서 말씀과 성령이 바로 그리스도인 것이다.

말씀이 육신이 되신 하나님, 곧 그리스도께서 친히 하나님의 말씀을 행하시고 복종하는 생활을 하시며, 나아가서 제자들과 무리들에게 말씀을 가르치고, 말씀을 그들의 가슴에 심는 작업을 하셨다. 그리스도 자신이 성육신하신 말씀이시기에 그의 사역에는 말씀의 권위와 능력이 나타났다. 그리스도 예수께서 더러운 영을 꾸짖으시자 더러운 영이 그가 머물고 있는 사람에게서 나왔다. 이것을 본 사람들은 "모두가 놀라 서로 의논하며 말하기를 '이것이 어찌 된 일이냐? 권위 있는 새 가르침이다. 그가 더러운 영들에게 명령하니, 그들이 이 분께 복종하는구나'"(막 1:27)라고 말하였다. 예수님의 말씀에는 더러운 영들이 복종하는 신적 권위가 있었다. 막 1:34에는 "예수께서 각종 병에 걸린 많은 병자들을 고치시고 많은 악령들을 쫓아내시며 악령들이 말하는 것을 허락하지 않으셨으니 이는 그들이 주님을 알고 있었기 때문이다."고 적고 있다. 이뿐 아니라 예수께서는 당시에 불치의 병이었던 나병이나 중풍병 환자도 고치셨다(막 1:40-45; 2:1-12). 이를 통해 예수님의 권능은 모든 질병과 모든 보이지 않는 세계에도 미치고 있음을 알 수 있다. 심지어 예수께서는 죽은 야이로의 딸을 살리기도 하며(막 5:35-43), 물위를 걸으시고 풍랑을 잔잔하게 하셨다(막 8:35-41). 예수께서는 천지를 창조하시고, 생명을 창조하신 창조주 하나님의 권능을 가지신 바로 그 하나님이시다. 이 예수께서 말씀하셨다.

"내가 진정으로 진정으로 너희에게 말한다. 나의 말을 듣고 나를 보내신 분을 믿는 자는 영생을 가지고 있고 심판에 이르지 아니하니, 그는 이미 사망에서 생명으로 옮겼기 때문이다. 내가 진정으로 진정으로 너희에게 말한다. 죽은 자들이 하나님의 아들의 음성을 들을 때가 오는데, 지금이 바로 그 때이다. 듣는 자들이 살아날 것이니, 이는 아버지께서 자신 안에 생명이 있는 것 같이 아들에게도 생명을 주어 그 안에 있게 하셨기 때문이다." (요 5:24-25)

천지창조의 권능을 가지신 하나님이시자 하나님의 보내심을 받은 하나님의 아들, 예수께서 "나의 말을 듣고 나를 보내신 분을 믿는 자는 영생을 가졌다"고 선언하시며, "죽은 자들이 하나님의 음성을 들으므로 사망에서 생명으로 옮겼다"라고 하셨다. 그 이유는 아버지께서 자기 안에 있는 생명을 아들에게도 주어 그의 생명이 아들 안에도 있게 하였기 때문이라는 것이다. 따라서 예수님의 음성은 하나님의 생명의 음성이요 생명을 살리는 음성이다. 천지를 창조하신 하나님의 음성이 예수님 안에 있기 때문에 예수께서도 그의 음성을 발하실 때 살리는 역사가 일어나는 것이다. 예수께서 이 땅에 육신의 몸을 입고 오신 이유는 바로 이 생명의 음성, 살리는 음성을 들려 주셔서 죽은 자들이 생명을 얻게 하려는 것이다. 따라서 예수님의 복음 사역은 말씀으로 생명을 살리는 것이었다.

2. 그리스도의 말씀 사역

말씀이신 하나님께서 사람의 몸을 입고 이 땅에 와서 하신 일이 무엇인가? 말씀이 충만한 세상을 만들고자 하는 그의 종말론적인 꿈을 하나님께서는 어떻게 이루시는 것인가? 이를 알기 위해 우리는 예수님께서 이 땅에서 하신 그의 사역의 성격을 살펴보아야 하는데, 그 중에서도 예수께서 마귀에게 시험을 받으신 사건은 이 점에 있어서 특별한 관점을 제공한다.

1) 말씀으로 시험을 이기신 그리스도

아담을 시험했던 마귀는 이제 하나님의 아들 예수님을 시험하기 위하여 나타난다. 이 시험의 목적은 하나님의 아들, 예수께서 아담의 실패를 만회할 구원의 주로서의 자격을 가지셨는지 시험하기 위함이라고 생각할 수 있다. 말하자면 아담이 마귀의 시험에 넘어가 온 인생들을 다 죽음으로 몰아넣었기 때문에 그 죽은 자들을 살리기 위해서 그리스도께서는 마귀의 시험을 이기고 궁극적으로는 마귀를 진멸해야 했기 때문이다. 또한 예수께서 이 땅에 오셔서 그의 복음 사업을 시작함에 있어서 제일 먼저 마귀의 시험을 받으셨다는 것은 앞으로 예수님의 복음 사업의 성격이 어떠할 것인가를 예시하는 점도 있다고 할 것이다. 따라서 예수께서 받으신 시험을 살펴보면 우리는 예수께서 메시아로서 앞으로 하실 일을 짐작하게 한다. 특히 말씀 사역과 관련하여 우리는 첫 번째 시험에 대하여 관심을 갖지 않을 수 없다.

예수께서는 사십 일간을 금식하셨다.[64] 인간으로서 배고픔을 참을

---

[64] 예수께서는 "성령에 이끌리어"(led by the Spirit) 광야에서 40일간 금식하셨다.

수 있는 극한의 상황에 도달한 것이다. 이때는 아마 세상의 모든 것이 빵으로 보일 만큼 참기 힘든 상황이었을 것이다. 이때에 마귀가 나타나 "만일 네가 하나님의 아들이라면 이 돌들에게 명령하여 빵이 되게 하라."(마 4:2)라고 말했다. 이 말을 들은 예수께서는 "사람이 빵으로만 사는 것이 아니라 하나님의 입에서 나오는 모든 말씀으로 살 것이다."(마 4:4)라는 신명기 8:3의 말씀을 인용하여 마귀의 유혹을 물리치신다. 예수님은 사람이 빵으로만 사는 것이 아니라 하나님의 말씀으로 살아야 하는 존재임을 강조한 것이다. 로마 식민 통치 아래 살던 이스라엘 사람들에게는 먹는 문제를 해결하는 것이 결코 쉬운 일이 아니었다. 복음서 곳곳에서 예수님을 따라다니는 많은 무리들이 등장하지만 먹을 것을 가지고 다니는 사람이 거의 없었던 것 같다. 보리떡 다섯 개와 물고기 두 마리로 오천 명을 먹이셨을 때 사람들은 예수님을 붙들어 임금 삼으려 했다. 이러한 사실로부터 유추해보면 예수님 당시에는 먹는 문제가 절박한 세상이었던 것 같다. 그러나 아무리 현실이 그렇다 할지라도 예수께서는 이들에게 육신의 빵보다는 영혼의 양식의 중요성을 인식시키고 영혼의 양식인 하나님의 말씀을 먹이려고 애쓰셨다. 사십일을 금식하신 예수님께서는 돌이라도 빵으로 만들어 먹어야 할 상황이었지만 하나님의 말씀으로 그 유혹을 물리치셨다. 이 시험은 바로 예수님의 앞으로 복음 사역이 말씀 중심의 사역이 될 것임을 암시하는 것이다.

두번째 마귀의 시험은 예수께 성전 꼭대기에 올라가 뛰어내리라는 것이다. 그러면 시편 9:11-12의 말씀대로 하나님께서 천사들을 명하여 예수님을 손으로 받들어 발이 돌에 부딪치지 않게 하시지 않겠느냐는 것이다. 이 시험은 예수께서 하나님의 아들로서 이 세상에서 자신을 드러

이는 마치 이스라엘 백성들이 광야에서 40년 동안 시험 받은 사건을 연상케 한다(신 8:2-3). 뿐만 아니라 모세도 40일간 금식하며 밤낮으로 기도하는 가운데 말씀을 받았다(출 24:18; 34:28; 신 9:9, 11, 18, 25; 10:10).

내는 아주 쉬운 방법이다. 그러나 예수께서는 이처럼 하나님을 시험하는 방법보다는 하나님의 말씀대로 십자가의 죽음과 부활을 통하여 하나님의 아들로 인정받고자 하신다. 그래서 그는 성경 말씀대로 "주 너의 하나님을 시험하지 말라."고 응답하신다.

세번째 시험은 마귀가 예수께 천하만국을 보여주면서 자기에게 절하면 그것을 다 주겠다는 것이다. 절 한번만 하면 천하만국을 얻을 수 있는 일이었다. 그러나 예수께서는 또 다시 신명기 6:13을 인용하여 "기록되어 있기를 '주 너희 하나님께 경배하고 그분 만을 섬기라' 하셨다."라고 대답하신다. 아마도 예수께서는 바리새인이나 서기관들과 인사 잘 나누고 식사 한 번 잘 했으면 세상의 부귀영화를 누릴 수 있었을지도 모른다. 그러나 그는 당시 종교지도자들의 불의와 위선을 서슴없이 책망하였으며 하나님의 구속 사업을 이루시는데 불의, 위선과 타협하지 않으셨다.

이상을 볼 때 예수께서는 이 땅에 성육신하여 오셔서 육신의 양식을 주시려고 하신 것이 아니라 영혼의 양식인 말씀을 주시려 하셨고, 말씀 사역을 하시되 쉬운 방법이 아니라 십자가를 지는 아픔을 감내하고자 하셨다. 뿐만 아니라, 그분은 시류를 따라 세상 권세 잡은 자들과 짝하지 않고 오직 하나님만 예배하며 불의에 대항하시겠다는 단호한 의지를 보여주셨다. 특히 예수께서는 마귀의 시험에 대항하되 "기록되었으되"라는 말을 반복하며, 성경을 인용하여 마귀를 물리치는 것을 볼 수 있다. 말씀의 사람으로 오셔서 말씀을 경외하며, 말씀으로 승리하시는 모습을 보여주셨던 것이다.

2) "복음을 선포할 것이니. 이를 위하여 내가 왔노라."

사람이 병들어 육신이 부자유한 것은 참으로 고통스러운 문제이다.

그래서 예수께서 각종 병든 자들을 고쳐 주셨을 때 예수께서 머무셨던 가버나움은 새벽부터 예수님을 찾는 무리로 가득 찼다. 사람들이 각색의 병자들을 데리고 예수께 온 것이다. 제자들은 새벽 미명에 일어나 기도하러 한적한 곳에 가신 예수님을 찾아가 이들을 도와 주시도록 청했다. 그러나 예수께서는 "다른 이웃 마을들로 가자. 내가 거기에서도 복음을 선포할 것이니 이를 위하여 내가 왔다."(막 1:38)고 말씀하셨다. 그리고 그곳을 떠나 버리셨다. 병자들이 얼마나 병마에 시달리고 고침을 간절히 바랐으면 새벽부터 몰려 왔겠는가? 기왕에 찾아온 사람들이니 예수께서는 그들을 고쳐 주시고 그 마을을 떠나도 될 법 한데 냉정하게 그 마을을 떠나신다. 그 이유는 예수께서 우선적으로 이 세상에 복음을 선포하러 오셨기 때문이었다. 복음 전파의 사명을 다하기 위하여 병 고치는 일을 물리치신 것이다. 복음 전파자로서의 분명한 사명을 보여주고 계신 것이다. 우리는 여기서 예수님의 지상 사역의 핵심이 병 고치는 것이 아니라 복음 전하는 것임을 알 수 있다. 예수께서는 돌들로 떡을 만들라고 시험하는 마귀의 유혹을 이기심으로 아담의 전철을 밟지 않고 오히려 승리자가 되셨다. 그는 하나님의 말씀을 거역한 아담과 달리 돌들로 떡을 만들어 먹으라는 마귀의 시험을 말씀으로 물리침으로 말씀이 육신의 빵보다 더 중요하다는 것을 일깨워 주시고, 나아가 복음 사역에 있어서 말씀 전하는 일의 중요성을 구체적으로 보여주셨다. 말씀이 육신이 되어 이 땅에 찾아오신 예수님은 오로지 말씀 사역에 전념하셨다. 그 때문에 예수께서는 때와 장소를 가리지 않고 시간 가는 줄도 잊은 채 말씀 가르치시는 데 몰입하신 것이다.

3) 큰 무리에게 복음을 전하시는 예수님

예수께서는 그의 사명이 복음을 전하는 것임을 인지하시고, 가버나

움 한곳에 머무르지 않고 여러 마을을 다니며 백성을 가르치셨다. 그리하여 마태는 4장 23-25에서 다음과 같이 말한다.

"예수께서 온 갈릴리를 다니시면서 그들의 회당들에서 가르치시고, 그 나라의 복음을 선포하시며, 백성 가운데서 모든 병과 모든 약한 것을 고치셨다. 그러자 그 분에 대한 소문이 온 시리아에 퍼져 사람들이 온갖 병과 고통으로 고생하는 모든 환자들과 악령 들린 자들과 간질 환자들과 중풍 환자들을 그분께 데려오니 예수께서 그들을 고쳐주셨다. 그리하여 갈릴리와 데카폴리스와 예루살렘과 유대와 요단 강 건너편으로부터 큰 무리들이 그 분을 따랐다." (마 4:23-25)

예수께서 온 갈릴리를 다니시면서 주로 하신 일은 가르치시며, 복음을 선포하신 것이었다(막 6:6). 그러나 동시에, 많은 사람들이 병자들이나 악령에 들린 사람들을 예수께 데리고 나오기 때문에 예수께서는 그들을 치료해 주신 것이다. 그래도 예수님의 사역의 중심은 말씀 사역이었다. 예수님을 따르는 무리들이 많아지자 예수께서는 제자들을 뽑아 함께 말씀 가르치는 일을 하셨다(막 6:30). 그래도 몰려오는 사람들 때문에 제자들은 음식 먹을 겨를도 없었다(막 6:31). 제자들은 이들을 피하여 좀 쉬고 싶지만 무리들은 예수님의 가르침을 받기 위해서 사흘 동안이나 밥을 굶으며 쫓아다녔다(막 8:2). 예수께서는 이 무리들을 불쌍히 여겼다고 하셨다(막 8:2).

"예수께서 (배에서) 내려서 큰 무리를 보시고 그들을 불쌍히 여기셨으니, 이는 그들이 목자 없는 양 같았기 때문이다. 예수께서 그들을 가르치기 시작하였다."(막 6:34).

예수께서는 자기에게 몰려오는 무리를 바라보며 불쌍한 마음을 가지셨는데 그것은 그들이 목자 없는 양 같았기 때문이었다. 양들에게 목자가 없으면 어디로 갈 바를 알지 못하고, 야생의 포식자들이 달려들어도 그들의 목숨을 구해줄 자가 없어 결국 잡혀먹히는 수밖에 없다. 예수께서는 자기에게 몰려오는 무리들을 목자 없는 양으로 보셨다. 이 목자 없는 양 같은 무리들을 보고 불쌍히 여기시고, 예수께서 하신 일은 바로 이들을 가르치고, 말씀으로 이들의 무지몽매함을 깨우치며, 하나님을 알게 한 것이었다. 그리하여 마가는 예수님의 복음 사역의 소문을 들은 자들의 반응에 대하여 이렇게 적고 있다. "이것이 어찌된 일이냐? 권위 있는 새로운 가르침이다. 그가 더러운 영들에게 명령하니 그들이 이분께 복종하는구나."(막 1:27). 예수님의 갈릴리 복음 사역은 많은 사람들에게 예수께서 선지자나 제사장들과는 다른 말씀의 권세를 가지신 분, 곧 악령들도 복종하는 권세를 가지신 분임을 알게 한 것이다.

그러나 예수께서 무리들에게 주시고자 한 것과 무리들이 예수께 구하는 것 사이에는 차이가 있었다. 예수께서는 이들에게 썩지 않고 없어지지 않을 영원한 생명의 양식, 곧 영혼의 양식을 주시고자 하시지만 무리들은 썩을 양식, 곧 육신의 양식을 원했다. 그래서 예수께서는 어린아이가 가지고 있던 보리빵 다섯 개와 물고기 두 마리로 오천 명을 먹이셨다(요 6:1-13). 그러나 빵을 먹고 배부른 무리들은 그것으로 만족하지 않았다. 예수님을 자기들의 왕으로 삼으려고 한 것이다. 아마도 예수님을 왕으로 삼으면 그들은 먹고 사는 문제가 해결될 수 있을 것이라고 생각한 것 같다. 이들의 생각을 아신 예수께서는 이들을 피하여 숨었다. 그러나 그들은 예수님을 다시 찾아왔다. 예수께서는 이들에게 "썩는 양식을 위하여 일하지 말고 영생에 이르도록 남아 있을 양식을 위하여 일하라. 인자가 이 양식을 너희에게 줄 것이니, 이는 아버지 하나님께서 그분에게 인치셨기 때문이다."(요 6:27)라고 말씀하신다.[65] 그리고 예수께서는 자신이 영생의 양식을 주겠다고 말씀하신다.

"내가 진정으로 진정으로 너희에게 말하는데 너희가 인자의 살을 먹지 않고 인자의 피를 마시지 않으면 너희 안에 생명이 없다. 내 살을 먹고 내 피를 마시는 자는 영생을 가졌고, 내가 마지막 날에 그를 다시 살릴 것이다. 내 살은 참된 양식이며 내 피는 참된 음료이다. 내 살을 먹고 내 피를 마시는 자는 내 안에 있고 나도 그 사람 안에 있다." (요 6:53-56)

예수님께서는 자신의 살과 피가 영생의 양식이며 음료라고 하셨다. 예수님은 말씀이 육신이 되신 분이시다. 육신은 살과 피다. 살과 피를 먹으라는 말씀은 곧 예수님의 말씀을 먹으라는 뜻이다. 예수님의 살이 참된 양식이고 예수님의 피가 참된 음료라는 말은 예수님의 말씀이 마지막 날에 사람을 살리는 영생의 양식이라는 것이다. 이 말씀을 먹어야 영생을 가질 수 있다는 뜻이었다. 그러나 이 무리들은 예수님의 말씀을 이해하지 못하고 예수님을 비난하며 떠나버렸다. 그러나 예수께서는 포기하시지 않았다. 무리들에게 말씀을 가르치는 일은 예수님께도 쉬운 일이 아니었다.

4) "주님, 우리가 누구에게로 가겠습니까?" (요 6:68)

예수님의 복음 사역은 말씀을 가르치는 것이 핵심이었다. 그의 가르침은 예수님 그 자신이 하나님이요, 하나님의 아들이며, 그의 말씀이 생

---

65 "인치다"는 말은 일반적으로 왁스나 부드러운 소재로 만든 도장을 찍는다는 의미인데, 어떤 물건의 소유권(ownership)이나 어떤 문서의 저작권(authentification)을 선포하는 행위이다.

명의 말씀이자, 영생의 말씀이라는 것을 깨닫게 하는 것이었다. 그리스도의 말씀에는 분명히 창조력과 생명력이 있었다. 그의 말씀 앞에서 더러운 영이 물러가고, 병든 자가 나음을 받고, 죽은 자가 살아나며, 자연 만물이 복종했다. 또 사람들이 회개하고 변하여 새사람이 되었다. 분명 예수님의 가르침은 바리새인들이나 서기관들과 같은 사람들의 가르침과는 달랐다. 권위와 능력이 있었다(막 1:25). 물론 사람들은 그의 정체에 대하여 관심이 많았다. 우리는 여기서 베드로의 신앙 고백에 대하여 살펴볼 필요가 있다.

예수께서 보리 빵 다섯 개와 물고기 두 마리로 오천 명을 먹이신 후 그를 왕 삼으려고 찾아온 무리들에게 썩지 아니 할 영생의 양식을 구하라고 말씀하시자 물론 사람들은 다 예수님을 떠나버렸다. 그리고 열두 제자만 남았다. 이 때 예수께서는 이들에게 "너희도 떠나가려 하느냐?"고 물으시자 베드로가 "주님, 영생의 말씀이 있는데 우리가 누구에게로 가겠습니까? 또한 우리는 주께서 하나님의 거룩한 분이심을 믿고 알았습니다."(요 6:68-69)라고 대답했다. 베드로는 이미 예수님의 신적 능력을 많이 체험한 사람이다. 예수께서는 그의 장모의 열병도 고쳐 주셨고, 그에게 그물이 찢어질 만큼 많은 물고기도 잡아 주셨다. 그리고 방금도 예수께서 보리빵 다섯 개와 물고기 두 마리를 축사하여 오천 명을 먹이는 일에 예수님을 도왔다. 그러나 그는 예수께서 먹을 것을 주고, 병을 고치며, 초자연적인 능력을 행사할 수 있는 특별한 신적 존재이기 때문에 따르는 것이 아니라 그분께는 영생의 말씀이 있기 때문에 따른다는 것이다.

베드로는 말씀의 능력을 체험한 사람이다. 그래서 그는 예수님의 말씀대로 예수님을 따랐고, 예수께 영생의 말씀이 있기에 예수님을 떠날 수 없다고 말한다. 그는 예수께서 그들에게 무엇을 주시고자 하는지 정확하게 알고 있었으며, 또한 자기에게 필요한 것도 먹고 배부르게 하는 육신의 양식이 아니라 영원한 생명을 갖게 하는 영혼의 양식, 곧 하나님의 말씀이라는 것도 알았던 사람이다. 뿐만 아니라 그는 예수님의 가르침을 받고, 예수님의 복음 사역을 보고 배우면서 예수님에 대하여 깨달은 바 중요한 사실이 있는데 그것은 예수님이 "하나님의 거룩한 분"이시라는 것이다. "하나님의 거룩한 분"이라는 말은 어떤 사본에는 "그리스도, 하나님의 거룩한 자", 혹은 "그리스도, 살아계신 하나님의 아들"이라고 읽고 있다. 마가복음에는 "주님은 그리스도이십니다."(막 8:29)로, 마태복음에서는 "주는 그리스도이시요, 살아계신 하나님의 아들이십니다."(마 16:16)라고 말하고 있다. 예수께서 가이사랴 빌립보에 있는 만신전의 이방신들 중의 하나가 아니라 살아계신 하나님의 아들이라는 것이다. 그리스도라고 말하는 것은 구약 성경에 약속된 메시아라는 뜻이다. 그래서 예수께서는 하나님께서 선지자들을 통하여 약속하신 구원자(삼하 7:14-16, 시 2, 렘 23:5-6)라는 것이다.

이것은 우리가 익히 알고 있는 대로 베드로의 신앙고백이다. 베드로가 예수님을 가리켜 "주는 그리스도이시요, 살아계신 하나님의 아들이십니다."(마 16:16) 라고 말하는 것은 베드로의 말씀에 대한 체험에서 나온 말이라는 것을 알 수 있다. 물론 예수님의 말씀대로 이것은 하늘에 계신 하나님 아버지의 계시를 통하여 알게 된 것이지만(마 16:17), 바로 그 계시는 말씀을 통한 것이었다. 베드로는 말씀을 믿음으로 말미암아 이를 알게 되었다. 그래서 베드로는 "믿고 알았다."고 말한다. "알고 믿었다."고 말하지 않고 있다.

베드로의 이 고백은 예수님의 제자들 교육에 있어서 새로운 단계로 들어가는 전환점이 된다. 마가복음 8장 31절에 보면 베드로의 신앙 고백 이후 예수께서는 비로소 그의 십자가의 고난과 죽음과 부활을 가르치기 시작했다고 했다. 본문 "카이 엘크사토 디다스케인 아우투스 호티"(Καί ἤρξατο διδάσκειν αὐτούς ὅτι)를 직역하면 "그리고 그는 그들에게 …

을 가르치기 시작했다."이다. 그러니까 예수께서는 이전에는 이것을 가르치지 않았다는 것이다. NIV는 이점을 잘 살려서 "He then began to teach them that …"이라고 번역하고 있다. 즉, 예수께서는 제자들에게 자신의 죽음과 부활을 가르치시고자 하신 것이다. 그런데 이를 위해서는 제자들에게 예수님이 어떤 분이신가를 확실히 알게하는 것이 필요했다. 그래서 예수님의 교육목표는 예수님의 인격과 사역을 알게 하는 것이었는데 이때 등장한 베드로의 신앙고백은 예수님의 지난 교육에 대한 평가이며, 새로운 교육을 시작하는 전환점이라고 할 수 있다. 예수께서는 제자들이 "주는 그리스도시요 살아계신 하나님의 아들이시다."라는 고백이 나오도록 가르치셨고 이제부터는 반복적으로 그의 죽음과 부활에 대하여 가르치기 시작한다. 주의 제자들은 그의 양떼들에게 말씀을 가르쳐 베드로와 같은 신앙고백을 하도록 지도해야 한다.

3. 그리스도의 대속사역과 말씀

하나님께서 말일에 이루시는 메시야 통치 시대란, 앞에서 살펴본 대로 사람들의 죄를 사하며 말씀이 충만한 세상을 이루는 시대이다. 그리스도께서는 이 일을 이루기 위하여 성육신하시고, 십자가에서 고난당하며, 죽고, 부활 승천하셨다. 우리는 이 일을 가리켜 그리스도의 사역이라고 한다. 특별히 그리스도께서 우리 죄를 대신하여 죽으신 것이기 때문에 그것을 대속사역이라고 한다. 그리스도께서 그의 생전에 자신의 죽음을 가리켜 "많은 사람의 대속물"로 자기의 목숨을 내놓는다(마 20:28, 막 10:45)라고 하시거나 "죄 사함을 얻게 하려고 많은 사람을 위하여 흘리는바 나의 피"(마 26:28)라고 하신 말씀을 보면 그의 사역의 성격이 더욱 분명해진다. 그리스도의 부활은 그리스도의 대속적 죽음에 대한 하나님의 보증이다. 그렇다면 그리스도의 죽음은 이 세상에 말씀이 충만하게 되는 하나님의 비전과 어떤 관계이며, 그리스도께서는 그의 죽음을 통하여 이 하나님의 비전을 어떻게 실현하시는가?

예수께서 그의 죽음과 관련하여 그의 말씀 사역에 대하여 언급하신 것은 그리스 사람들이 그를 찾아왔을 때 주신 밀알 교훈을 통해서이다. 유월절 명절에 그리스인 몇 사람이 예루살렘으로 예배하러 왔다가 예수님을 뵈러 왔다(요 12:21). 이때 예수께서는 다음과 같이 말씀하신다.

"인자가 영광을 받을 때가 왔다. 내가 진정으로 진정으로 너희에게 말하니, 밀알 하나가 땅에 떨어져 죽지 않으면 한 알 그대로 있고, 죽으면 많은 열매를 맺는다." (요 12:23-24)

예수께서는 자신의 시간표에 따라 일하시는 것 같다. 요한복음 2장의 가나 혼인 잔칫집에서 포도주가 떨어졌다고 알리는 그의 어머니 마리아에게 "내 때가 아직 오지 않았습니다."고 말씀하시는가 하면, 7장에서 동생들에게 그가 초막절에 예루살렘으로 올라가지 않은 이유를 "아직 내 때가 되지 않았으나 너희 때는 항상 준비되어 있다."(요 7:6)고 말씀하신다(참조 요 7:30; 8:20; 4:21; 23). 이를 통하여 보면 예수께서는 시간을 의식하며, 시간표를 짜놓고 일하고 계심을 볼 수 있다. 여기서 "인자가 영광을 받을 때"란 어떠한 때인가? 요 8:20에 유대인들이 예수님을 체포할 수 있는 기회가 있었지만 그를 잡지 아니한 것이 아직 그분의 때가 오지 않았기 때문이라고 적고 있다. 이를 미루어볼 때 예수께서 말씀하시는 "때"란 그의 십자가의 죽음과 부활을 가리키는 것임에 틀림없다. 여기서도 인자가 영광을 받을 때와 그의 죽음과 부활이 연결되어 있다.[66]

66 비슬리-머리 『요한복음』 [George R. Bearsley-Murray, *John 1-21*. World Biblical Commentary. Vol. 36 (Dallas: Word Books, 1987)] 이덕신 옮김 (서울: 솔로

여기서 "한 알의 밀"이란 첫째는 예수님 자신을 의미하는 말이다. 예수께서는 농사짓는 자들이 익히 아는 파종하고 결실하는 씨의 생명 현상을 통하여 자신의 죽음과 부활을 비유하고 있다. 예수께서는 그 자신이 씨와 마찬가지로 죽음과 부활을 함으로써 세상의 많은 죄인들이 구원받게 되는 그의 대속사역을 말씀하셨다. 그러나 예수께서는 무리들에게 씨를 말씀으로 비유하여 가르치시기도 하였다. 예수께서는 '씨 뿌리는 자의 비유'에서 씨 뿌리는 자를 예수님 자신을 비롯한 말씀의 사역자들로, 씨는 말씀으로 비유하신다(막 4:14). 또한 마가복음의 연이은 비유들, 곧 하나님 나라를 자라는 씨나 겨자씨에 비유한 것은 말씀의 역사가 성장하는 모습을 그리고 있다. 따라서 예수께서는 자신의 죽음과 부활을 한 알의 씨에 비유하실 뿐만 아니라, 나아가서 말씀의 역사도 그와 같다는 것을 설명하신 것이다. 말씀의 역사가 흥왕하게 일어나고 세계적으로 확장되려면 성육신하신 말씀, 곧 예수님 자신이 한 알의 썩는 밀알이 되어야 했다.

그렇다면 그리스인들의 출현이 무슨 의미가 있기에 예수께서는 이들이 찾아왔을 때 자신이 한 알의 밀알이 되겠다고 말씀하신 것일까? 그리스인들의 출현이 예수님의 죽음과 부활에 대한 무슨 징조라도 되는 것인가? 우리는 이 점을 이해하기 위하여 이사야 2장으로 돌아가야 한다. 하나님께서 선지자 이사야를 통하여 보여주신 비전은 마지막 날에 열방의 사람들이 모든 산들 위에 높이 선 여호와의 전을 향하여 말씀을 받으러 올라가는 모습이었다. 여기서 선지자는 은유적으로 다른 모든 왕국들보다 더 높이 서게 될 하나님의 왕국을 말하고 있다(사 11:9; 65:25; 66:20). 그때는 그리스도께서 높이 들린 보좌에서 온 세상을 통치하시는 때이며, 시온 산과 그 위에 선 성전은 하늘과 하늘의 성소를 의미한다(히 9:24).

몬, 2001), 441.

예수께서는 그리스인들의 방문을 통하여 이사야의 이 예언이 자기 가운데 이루어지고 있음을 인지하셨다. 높이 들린 산 위에 선 성전은 바로 "높이 들린 예수님"(요 12:32) 자신을 가리키는 것이었다. 예수께서는 일찍이 자기 자신이 성전임을 선포하셨다(요 2:22). 구약 성경의 성막이나 성전은 예수님의 모형이다. 이스라엘 백성들은 성전에 나아가 하나님을 만나고, 하나님의 말씀을 받았다. 따라서 마지막 날에 열방의 백성들이 성전에 나아가 말씀을 받는 비전은 바로 세상 사람들이 예수께 나아가 말씀을 받게 될 날을 예표하는 것이다. 지금까지는 예수께서 유대인들에게 말씀을 전하셨지만 대표적인 이방인이라고 할 수 있는 그리스인들이 스스로 예수님을 찾아왔다. 이들이 예루살렘을 방문한 목적은 예배하기 위함이라고 했는데 그런 그들이 예수님을 찾아온 것이다. 우리는 그들이 성전에 갔는지 안 갔는지 알 수 없지만 예배하러 예루살렘에 온 사람들이 예수님을 찾았다는 것은 그 이유가 예배와 전혀 관련이 없다고 말할 수는 없을 것이다.

예수께서는 이 그리스인들의 출현을 보고, 자신이 한 알의 썩는 밀알이 되어 많은 열매를 맺고, 이를 통하여 하나님께 영광을 드러낼 때가 되었다고 생각하셨다. 그래서 그리스도의 죽음과 부활은 우리의 죄를 위한 대속적인 의미가 있을 뿐만 아니라 물이 바다를 덮음 같이 말씀이 온 땅에 충만하게 되는 세상을 이루시려는 복음의 세계화를 위한 헌신의 의미도 있는 것이다.

4. 성경을 열어주신 그리스도

예수께는 부활하신 이후 승천하시기까지 사십 일간이 무엇보다 귀중한 시간이었을 것이다. 이 기간 동안 예수께서 하신 일을 살펴보면 그의 성육신의 과제가 무엇이었는가를 다시 확인할 수 있다. 부활하신 예수께서는 제자를 찾아가셔서 자신의 부활을 확신시키는 일을 하셨다. 그리고 그는 생전에 하시던 말씀 사역을 계속하신다. 그는 엠마오로 가는 제자들에게 나타나셔서 성경을 가르치셨고, 예루살렘의 열한 제자들에게도 나타나시어 성경을 깨닫게 하신다(눅 24:45). 부활하신 예수님의 말씀 사역은 주로 성경 해석에 집중되고 있다. 누가복음 24장에 나타난 부활하신 예수님의 말씀 사역 활동 가운데 쓰여진 동사, "디아노이고"(διανοίγω, "열다")는 특별한 의미를 가지고 쓰여지고 있어서 우리의 관심을 끈다.

첫째로 "디아노이고"(διανοίγω)는 예수께서는 제자들의 눈을 열어주셨다는 의미로 쓰이고 있다. 예수께서는 엠마오로 가는 두 제자에게 나타나시어 함께 길을 걸으며, "모세와 선지자들로부터 시작하여 모든 성경에 있는 자신에 관한 것을 그들에게 자세히 설명해 주셨다."(눅 24:27). 같이 길을 가다가 날이 저물자 제자들은 예수님께 함께 묵기를 청하였다. 그리하여 저녁 식사하려 할 때 예수께서 빵을 들고 축복 기도하시는 것을 보고, 제자들은 그들의 눈이 열려 예수님을 알아보았다. "디아노이고"(διανοίγω)라는 말은 "열다"라는 의미이다. 그러나 문맥에 따라 "설명하다"(to explain) 혹은 "해석하다"(to interpret)라는 의미로도 사용되고 있다. 그러나 여기서 수동형으로 "눈이 열렸다"는 말은 사람을 알아볼 수 있게 되었다는 의미이다.

둘째로 32절에 쓰여진 "디아노이고"(διανοίγω)는 예수께서 성경을 열어주셨다는 의미로 쓰여지고 있다. 예수께서 제자들에게 성경을 자세하게 설명해 주셨을 때, 그들의 눈은 열렸으나 부활하신 예수께서는 이미 그 자리를 뜨고 계시지 않았다. 그 이후 제자들이 주고받은 말이 "그분께서 길에서 우리에게 말씀하시며 우리에게 성경을 열어 주실 때에 우리 마음이 우리 안에서 뜨거워지지 않았는가?"이다. 예수께서 그들에게 "성경을 열어 주셨다"고 말한다. 여기서 "성경을 열어주셨다"는 말이 단순히 "해석해 주셨다" 혹은 "자세하게 설명해주셨다"는 의미로 쓰인 것인가? 꼭 그렇지만은 않은 것 같다. 이를 문자적으로 이해한다면 지금까지 성경이라는 책은 닫혀 있었다(closed). 여기서 말하는 성경은 구약성경을 말한다. 그러나 예수께서 그 성경을 열어주심으로 제자들은 그 뜻을 알게 되었고, 특히 부활하신 예수님을 알아보게 되었다. 성경이라는 책은 있었지만 그 책의 의미는 아직 봉함된 상태로 있었던 것이다. 그러나 예수께서 그것을 열어주심으로 비로소 그 내용이 알려지게 된 것이다. 따라서 예수께서는 말씀을 가르치는 일만 하신 것이 아니고, 그의 죽음과 부활을 통하여 성경을 여는 일을 하신 것이다. 선지자들은 하나님의 영감을 받아 성경을 기록하였다. 그러나 그 성경은 예수께서 열어주실 때까지 닫힌 채로 있었다. 여기서 닫혔다는 말은 성경을 포장해 두고 아직 한 번도 그것을 열어보지 않았다는 의미가 아니다. 성경을 보고 읽기는 해도 그 뜻을 정확하게 알 수 없었지만 예수께서 십자가에 죽고 부활하심으로 성경의 온전한 뜻이 밝혀졌다는 의미이다. 성경 안의 비밀이 드디어 만천하에 드러나게 되었다는 것이다. 구속사의 새로운 장이 열렸다는 것이다.

셋째로 "디아노이고"(διανοίγω)라는 말은 예수께서 마음을 열었다는 의미로 쓰여지고 있다. 45절에 "그때에 예수께서 그들의 마음을 열어서 성경을 깨닫도록 하시고 ..."라고 적고 있는데 이 경우 예수께서는 제자들의 마음을 열어주신 것이다. 엠마오로 가던 제자들이 예루살렘으로 돌아와서 부활하신 예수님을 만났다는 보고를 다른 제자들에게 했고, 베드로도 예수님을 만났다는 말을 했다. 이때에 예수께서 친히 제자들 가운데 나타나셨는데, 그들은 놀라고 두려움에 사로잡혔다. 예수께서는 제자들이 그를 알아보도록 손과 발과 옆구리 등을 만져 보도록 해주시고, 그들 앞에서 구운 생선 한 토막도 잡수심으로 그가 영이 아니라 그들과 같은 사람임을 보여주셨다. 그리고 그들에게 "전에 내가 너희와 함께 있을 때에 너희에게 말한 나의 말들, 곧 '모세의 율법과 선지자들과 시편에서 나에 대해 기록된 모든 것들이 성취되어야 한다.'라고 말한 것이 이것이다"라고 말씀하셨다. 구약의 메시아에 대한 예언의 말씀이 모두 자기에 관한 것이며, 그것이 다 이루어졌다는 것을 설명해주셨다. 그리고 "예수께서는 그들의 마음을 열어 성경을 깨닫게 해주셨다"고 했다. 예수께서는 이제 그들의 마음을 열어주신 것이다. 이 부분도 똑같이 그리스어 "디아노이고"(διανοίγω)가 사용되고 있다. 예수께서 마음을 열어주심으로 제자들은 성경을 깨닫게 된 것이다. 따라서 누가복음 24장에서 "디아노이고"(διανοίγω)라는 말은 세 번 사용되고 있는데 이들은 다 특별한 의미를 가진 것을 볼 수 있다. 이 동사의 주어는 모두 예수님이다. 예수께서 제자들에게 성경을 가르치심으로, 그들의 눈을 열어주시고, 성경을 열어주시고, 마음을 열어 주신 것이다. 부활하신 예수님의 사역은 말씀 사역이었으며, 특히 예수께서는 부활하심으로 성경을 열어주시고, 성경을 해석하는 일을 하셨다.

5. 제자들에게 말씀 사역을 위임하신 그리스도

그리스도께서 부활하신 후 승천하실 때까지 하신 일은 자신이 구약 성경대로 많은 사람을 살리기 위하여 죽고 부활하신 그리스도라는 것을 제자들에게 확신시키는 것이었으며, 구약 성경의 말씀이 어떻게 그리스도 안에서 이루어졌는가를 설명하고 가르치는 것이었다. 그리하여 그동안 성경을 읽어도 그 뜻을 알 수 없어서 사실상 사람들에게 성경의 의미가 봉함되어 있었지만 부활하신 예수께서 제자들에게 성경 말씀을 자세히 풀어 해석해주심으로 사람들이 그 뜻을 온전히 알 수 있게 되었다. 이제 비로소 성경이 사람들에게 완전하게 열리게 된 것이다. 특히 예수께서는 죽은 자 가운데서 살아나심으로 그가 우리 인간과는 다른 신적 존재, 곧 하나님의 아들이심을 스스로 증명하셨다. 예수께서는 이제 하나님의 아들로서 그의 권위와 능력에 있어서 하나님과 동등한 분이심을 나타내 보이신 것이다. 따라서 예수께서는 자기 자신이 하나님으로부터 하늘과 땅의 모든 권세를 부여 받았다고 말씀하신다(마 28:18). 예수님은 하늘과 땅의 모든 권세를 가지신 전지전능하신 하나님이시나. 그런데 이 하나님께서 제자들에게 찾아 오셔서 제자들에게 사명을 주셨다. 하나님께서 주신 사명인 만큼 그것은 거절할 수 없는 불가항력적인 것일 수밖에 없는 것이었다.

> "하늘과 땅의 모든 권세를 나에게 주셨으니 그러므로 너희는 가서 모든 민족을 제자로 삼아 그들에게 아버지와 아들과 성령의 이름으로 세례를 주고, 내가 너희에게 명령한 모든 것을 지키도록 가르쳐라. 보아라. 세상 끝날 까지 항상 너희와 함께 있을 것이다." (마 28:18-20)

하늘과 땅의 모든 권세를 가지신 예수께서 하나님으로서 제자들에게 주신 명령은 모든 민족을 대상으로 성례를 베풀고, 세상 끝 날까지 말씀 사역을 하라는 것이다. 그리고 예수께서는 세상 끝 날까지 제자들과 함께 하시겠다는 약속을 주신다. 부활하신 예수님께서 모든 민족을 대상으로 복음을 전하라고 명령하시는 것은 그가 바로 세상 모든 민족의 창조자이시요, 주인으로서의 관심과 책임을 드러낸 것이요, 또한 그가 세상 끝 날까지 함께 있겠다고 약속 하심은 부활하신 그리스도의 영원성을 반증하는 것이다. 특히 예수께서 제자들에게 그가 세상 끝 날까지 함께 하시겠다는 약속은 구약 성경의 소명기사(Call Narrative) 공식의 일부이다.[67] 구약 성경의 선지자들은 대개의 경우 하나님의 부르심을 받

---

67 구약성경의 모세(출 3장), 기드온(삿 6장), 사무엘(삼상 3장), 이사야(사 6장), 예레미야(렘 1장), 그리고 에스겔(겔 1-3장) 등에서 볼 수 있는 소명기사(Call Narrative)

앉을 때, 그 부르심에 선뜻 응하지 않는다. 선지자는 하나님의 말씀을 대언하는 자(the Spokesman of God)이다. 그러나 부르심을 받은 자들은 이것이 얼마나 힘든 일인지 잘 알기 때문에 자신의 여러 가지 약점을 핑계 삼아 하나님의 부르심을 피하려고 한다. 이 때 하나님께서 이들을 달래며 마지막으로 주신 말씀이 바로 "보아라, 내가 세상 끝 날까지 항상 너희와 함께 있을 것이다."라는 약속이다(출 3:12; 삿 6:16; 렘 1:5). "세상 끝 날까지", "항상"이라는 말은 부활하신 그리스도 자신의 신성과 영원성을 나타내는 말일 뿐만 아니라 당시에 이 말씀을 들은 열한 제자들, 나아가서 세상 끝 날까지 그를 따르는 제자들, 곧 현세대의 우리에게도 주신 명령의 말씀이다. 따라서 구약의 소명기사와 부활하신 예수께서 제자들을 내보내시면서 하신 말씀의 유사성을 고려해볼 때, 부활하신 그리스도께서는 그의 신적 권위와 능력으로 제자들을 선지자로 세우시고 임명하신 것이다. 특히 그의 말씀을 지키도록 가르치라는 명령과 세상 끝 날까지 그들과 함께 있겠다는 약속은 바로 "하나님의 대언자"로서의 선지자적 역할을 분명하게 보여준다. 예수께서는 말씀을 가르치는 선지자로 그의 제자들을 세상에 내보내시고자 그들을 불러 지금까지 훈련시키고, 부활 승천하시면서 예수님 자신을 대신한 새 언약의 선지자로 임명하셨다. 이들을 새 언약의 선지자라고 부르는 이유는 예수께서 제자들에게 마지막 성만찬을 베풀고 이들에게 그의 살을 상징하는 떡을 떼어 주시고, 피를 상징하는 포도주를 나눠 주시며 "이 잔은 너희를 위

는 일반적으로 (1) 하나님과의 만남, (2) 하나님의 사명부여, (3) 선지자의 거절, (4) 하나님의 설득과 표적, (5) 하나님의 약속: "함께 하겠다." 등의 양식을 가진다. 손석태 『목회를 위한 구약신학』, 98-99, 135. Peter Eens, *Exodus: The NIV Application Commentary* (Grand Rapids: Zondervan, 2000), 113-120. R Habel, "The Form and Significance of the Call Narrative", *ZAW* (1965): 297-323. James Plastara, *The God of Exodus: The Theology of Exodus Narrative* (Milwaukee: Bruce, 1966), 77-82.

하여 흘리는 바 내 피로 세우는 새 언약이다."(마 26:28; 막 15:24; 눅 22:20)라고 말씀하신다. 예수께서는 예레미야 31:31-34의 말씀대로 이들에게 새 언약을 주신 것이다. 그리고 십자가에서 피 흘려 죽으심으로 고대 근동의 언약 체결의 방식대로 새 언약을 종결하셨다. 따라서 예수님의 십자가의 피 흘리심은 그리스도의 만민을 위한 대속적인 의미도 있지만 새 언약의 시작을 여는 의미도 있다. 따라서 우리는 예수께서 세우신 이 제자들을 "새 언약의 선지자"라고 부르는 것이다.

6. 제자들에게 성령을 약속하시는 그리스도

예수께서 그의 말씀을 대언하는 새 언약의 선지자로 제자들을 세우시면서 약속하신 말씀은 예수께서 세상 끝날 까지 그들과 함께 있겠다는 것이었다. 그렇다면 예수께서는 이들과 어떻게 함께 하시며, 무슨 일을 함께 하시는가?

예수님의 제자들이 땅 끝까지 나아가서 예수께서 명령하신 모든 것을 지키도록 가르치는 일을 하기 위해서는 이들에게 무엇보다 하나님께서 그들을 보내셨다는 것을 인정받을 수 있는 신적 권위와 능력이 필요했다. 마치 구약의 선지자들의 경우와 같다. 선지자들은 제사장들과 달리 그 직분이 세습되는 것이 아니어서 사람들로부터 하나님께서 보내신 선지자임을 인정받는 것이 쉽지 않았다. 하나님께서는 생업에 종사하는 사람을 자의로 부르셔서 보내신다. 때문에 부르심을 받은 선지자는 먼저 자신이 하나님으로부터 부르심을 받았다는 확신이 필요했다. 하나님께서는 그에게 자신의 정체를 인지할 수 있도록 천지창조의 권능을 보이신다. 그리하여 그가 대면하고 있는 자가 신적 존재임을 깨닫게 하신다. 그 후에 하나님께서는 그에게 그 자신을 아브라함의 하나님, 이삭의 하나님, 야곱의 하나님이라고 소개하신다. 바로 그들을 구원하신 언약의 하나님이심을 알게 하신 것이다. 그후 하나님께서는 그에게 구체적인 사명을 맡기신다. 그러나 대개의 경우 부르심을 받은 선지자는 하나님의 부르심을 선뜻 받아들이지 않는다. 이때 하나님께서는 여러 가지 말로 그에게 부르심의 확신을 갖도록 설득하시고 마지막에는 하나님 자신께서 그와 함께 하겠다는 약속을 하신다. 이러한 절차를 통하여 선지자는 결국 하나님의 부르심을 받아들인다.

이제 선지자는 하나님께서 명하신 대로 백성들 앞에 나간다. 그러나 사람들이 그를 하나님께서 보내신 선지자임을 어떻게 인식하느냐 하는 것이 문제이다. 어제까지도 밭을 갈던 사람이 갑자기 성전 앞에 나타나서 "이스라엘아 들으라. 여호와의 말씀이다."라고 말한다면 아마도 사람들은 그를 정상적인 사람으로 보지 않을 것이다. 따라서 그가 하나님께서 보낸 선지자로 인정받으려면 무엇보다 그가 외친 하나님의 말씀이 그대로 이루어져야 한다. 그러나 대부분의 경우 그의 외치는 말씀이 당장 이루어지지는 않는다. 그래서 하나님께서는 사람들 앞에서 그가 초자연적인 기적이나 능력을 행하게 하신다. 모세, 엘리야, 엘리사 등은 사람들 앞에서 기적을 행한 선지자들이다. 사람들은 그들이 행한 이적을 보고 그가 하나님께서 보낸 선지자임을 믿게 되고, 이러한 확신이 설 때에 비로소 그의 선지자적 권위를 인정하고, 그가 대언하는 말에 귀를 기울이기 시작했다.

선지자가 그의 선지자적 권위를 인정받지 못한다면 그는 하나님의 일을 할 수 없다. 따라서 예수께서도 그의 복음 사업을 할 때에 유대의 바리새인이나 서기관들이 수시로 제기하는 질문이 바로 "당신이 무엇이기에 이 일을 하느냐?"하는 것이었다(마 21:23; 막 11:28; 눅 20:2; 요 2:18). 예수께서는 직접적으로 메시아로서, 또는 하나님의 아들로서 자신의 정체를 말씀으로 밝히셨던 것은 아니지만 그가 행하신 많은 이적은 바로 이들에게 주는 대답이었다. 간혹 더러운 영들은 예수님의 정체를 알고, 그 앞에서 "하나님의 아들"(막 5:7) 혹은 "하나님의 거룩한 자"(막 1:24) 등으로 부르는 일이 있었지만 예수께서는 이를 허락하지 않으셨다. 예수께서는 사람들이 예수님께 배우고, 따르는 일상의 체험 속에서 예수님이 누구신지 알기를 원하셨다. 그래서 예수께서는 제자들을 3년 동안 데리고 다니면서 말씀을 가르치고, 훈련을 시키고, 때가 되자 제자들에게 "너희는 나를 누구라 하느냐?"(마 16:15; 막 8:29; 눅 9:20)고 물으시고 제자들은 "주는 그리스도시요 살아계신 하나님의 아들이시다"라는 고백을 하게 된다. 그리고 마침내 십자가에서 돌아가실 때 로마 백부장은 그가 숨을 거두시는 모습을 보고, "이 사람은 참으로 하나님의 아들이셨다."(막 15:39)는 말을 한다. 예수께서는 살아생전에 그의 제자들을 통하여 그리스도로 인정을 받았고, 돌아가신 다음에는 이방인 로마 백부장을 통하여 하나님의 아들이라는 인정을 받았다.

그렇다면 제자들의 경우는 어떠한가? 이들은 제사장이나 레위인과 같은 성직자도 아니고 그렇다고 당대의 이름 있는 랍비들의 문하생도 아니었다. 다양한 생업에 종사하다가 예수님을 따르게 된 사람들이었다. 그들은 예수님의 제자로서 예수께서 살아계시는 동안 예수님의 조력자 역할을 했지만 예수께서 부활 승천하신 후에는 그들 독자적으로 무슨 일을 할 수 있는 형편이 안 된 사람들이었다. 만일 제자들이 대중 앞에 나아가 하나님의 말씀을 전하려면 그들도 하나님으로부터 보냄을 받았다는 증거와 신적 권위가 필요했다. 예수께서는 바로 이 점을 아시고 제자들에게 보혜사 성령을 약속하신다(요 14:16-21; 26).

"내가 아버지께 간구하면 아버지께서 다른 보혜사를 너희에게 주셔서 영원히 너희와 함께 계시게 하실 것이다. 그 분은 진리의 영이시다. 세상은 그분을 보지도 못하고 알지도 못하기 때문이다. 그러나 너희는 그분을 안다. 이는 그분께서 너희와 함께 계시고 너희 안에 계실 것이기 때문이다. 내가 너희를 고아처럼 버려두지 않고 너희에게 올 것이다. 조금 있으면 세상은 나를 더 이상 보지 못하겠으나 너희는 나를 볼 것이니, 이는 내가 살아있고 너희도 살 것이기 때문이다. 그 날에는 내가 내 아버지 안에 있고 너희가 내 안에, 또 내가 너희 안에 있음을 너희가 알 것이다." (요 14:16, 20)

예수께서는 그리스 사람들이 자기를 찾아 오신 깃을 보시고 말씀의 세계화에 대한 이사야 2:1-4의 말씀이 이루어질 때가 무르익은 것을 감지하신 것 같다. 그래서 제자들에게 밀알 교훈, 곧 말씀의 씨로서 자신의 죽음과 부활에 관한 교훈을 말씀하신 후 그의 제자들에게 반복하여 가르치신 말씀이 바로 그가 제자들을 떠난 후에 보혜사 성령을 주시겠다는 것이었다(요 14:16-17, 26; 16:7-15). 보혜사가 예수님을 대신하여 그들과 함께하시며 그들을 돌보실 것임을 약속하신 것이다(요 14:25-26; 요일 2:3). 한글 역본에서 그리스어 "파라크레토스"(παράκλητος)를 "보혜사"라고 번역하고 있는데, 영역본에서는 "돕는 자"(helper), 혹은 "상담자, 옹호자, 변호자, 대변인"(counselor, advocate) 등으로 번역하고 있다. 보혜사는 제자들과 함께 계시는 진리의 영, 곧 성령이다(요 14:16, 26). 그는 하나님 아버지께서 예수의 이름으로 보내실 분이신데, 제자들 안에 계셔서 제자들에게 모든 것을 가르치고, 그 가르침을 생각나게 하시는 분이시다. 보혜사는 예수님을 믿도록 하며, 예수님을 증거하고, 대언하는 일을 하신다(요 14:29). 말하자면 보혜사는 제자들이 말씀의 세계화라는 선지자적 사명을 수행하는 데 있어서 필요한 신적 권위와 능력을 뒷받침해 주도록 돕는 후원자 혹은 감독자로서의 역할을 하는 신적 존재이신 것이다. 이는 마치 하나님께서 모세를 불러 바로에게 보내시며, "이제 가라. 내가 네 입과 함께 하며 네가 말할 모든 것을 너에게 가르쳐 줄 것이다."(출 4:12)라고 약속하시는 것과 맥락을 같이 한다. 구약시대에 하나님께서 그의 종과 함께 하시며 직접 말씀하셨던 것과 같이, 이제는 하나님께서는 성령을 보내셔서 그의 종들과 함께 하시고 그들에게 할 말을 생각나게 하고, 전할 말씀을 그들의 입에 넣어 주시며, 그가 하나님께서 보낸 선지자임을 보증하는 역할을 하신 것이다.

7. 성령세례를 받은 제자들

예수님의 부활 승천 후 오순절이 되어 새 언약의 선지자들로 임명을 받은 제자들에게 예수님의 약속대로 보혜사, 성령이 임하신다. 사도행전 2장의 성령세례는 예수님의 말씀을 듣고 땅 끝까지 나아가 전해야 하는 제자들에게 말씀의 종, 곧 새 언약의 선지자로서 그 직분을 위임 받는 예식이다. 제자들은 이 성령세례를 통하여 신적 권위와 능력을 받는다. 이 사건을 이해하려면 무엇보다 구약성경의 선지자들이 하나님의 부르심을 받았을때의 사건을 돌이켜보면 쉽게 이해할 수 있다.

선지자 이사야는 성전에서 하나님의 부르심을 받았다. 성전에 계신 하나님은 높이 들린 보좌에 앉아 계시고, 그 주위에는 여섯 날개를 가진 천사들이 날며 거룩하신 하나님을 찬양하고 있었다. 그는 거룩하신 하나님 앞에서 "화가 있을 것이다. 내가 망하게 되었다. 나는 입술이 부정한 사람이며 내가 입술이 부정한 백성들 가운데 살고 있으면서 내 눈으로 왕이신 만군의 여호와를 보았기 때문이다."(사 6:5)라고 탄식한다. 마치 베드로가 예수님께서 물고기를 많이 잡아 주시자 자기는 죄인이니 자기를 떠나 달라고 말한 것과 같다(눅 5:8). 이 때 여호와의 주변을 날던 천사 하나가 타고 있는 숯을 집어와 그의 입술에 대며, 그의 죄를 사해 주고, 그의 부정을 깨끗하게 해주었다. 이 천사는 왜 숯불을 이사야의 입에 대었을까? 아마도 입술이 부정하다고 고백하는 이사야의 입을 정화하기 위한 목적이 첫째일 것이다. 또한 이것은 여호와께서 이사야를 선지자로 세우시는 예식의 일부라고 할 수 있다. 선지자는 여호와의 말씀을 대언하는 "여호와의 입"(פי יהוה)이다. 따라서 여호와께서는 그의 입이 바로 여호와의 입이라는 것을 위임하는 의미에서 입에 인을 치고 계시는 것이다. 따라서 화저로 입술을 대는 사건은 여호와의 선지자로서의 정화와 인증의 의미가 있다고 할 수 있다.[68]

이와 같이 하나님의 대변인인 선지자를 부르시고 직분을 위임하는 예식은 예레미야의 경우에도 볼 수 있다. 선지자의 부르심을 받고 두려워하는 예레미야에게 여호와께서는 자신의 손을 내밀어 그의 입에 대시며, "보아라. 내가 내 말을 네 입에 두었다. 보아라 내가 오늘 민족들과 나라들 위에 세워 네가 그것을 뽑고 무너뜨리며, 멸망시키고 파괴하며, 세우고 심게 하였다."(렘 1:9)고 말씀하신다. 여호와께서는 "여호와의 입"이라고 불리는 선지자에게 그의 말씀을 맡기는 상징적인 행동으로써 부름 받은 자의 입술에 그의 손을 대셨다. 이를 통해 여호와께서는 그의 말씀으로 예레미야를 종으로 세우시고 세계의 정치 판도를 재편하는 선지자로서의 위임식을 하고 계신 것이다.

예수님의 제자들도 이와 마찬가지로 말씀의 종으로서의 부르심에 대한 신적 인증이 필요했을 것이다. 바로 오순절의 성령세례는 그러한 목적으로 거행된 예식이었다. 예수께서 승천하신 후 제자들은 예수님 말씀

---

68 John D. W. Watts는 이것을 하나님께서 이사야에게 하나님께서 주재하시는 어전 회의에서 말할 자격을 부여하는 정화 의식이며, 이는 성전에 들어가는 데 필요한 제사 의식들과 유사하다고 말한다(사 1-33, 178). 그러나 이것은 어전회의에서 말할 자격부여라기 보다는 오히려 하나님의 말씀을 전하는 선지자로서의 자격을 부여하고 인증하며 파송하는 의식으로 요즘 같으면 대통령이 임지로 떠나는 대사에게 임명장을 주는 것과 같다. 이 점에 대하여 F. Hoist는 선지자가 하나님의 보좌 앞에서 행해지는 토론이나 결정 과정을 환상을 통해 경험함으로 하나님에 대한 지식을 알게 되고 비범하고 저항할 수 없는 선포를 하라는 요구와 권능을 받는다고 말하고 있는 데 이것이 오히려 더 타당하다. "Die Visionsschilderungen alttestamentlichen Propheten", *EvT* 20 (1960) 198. quoted in Watts, 173.

대로 예루살렘으로 돌아와서 한 곳에 모였다. 오순절이 되었을 때 하늘로부터 갑자기 급하고 강한 바람 같은 소리가 제자들에게 들렸으며, 불과 같이 갈라진 혀들이 보이고, 그것들이 각 사람들 위에 머물렀다. 그래서 사람들은 모두 성령으로 충만해졌고, 성령이 말하게 하시는 대로 모두 다른 방언으로 말하기 시작했다. 여기에는 세 가지 현상이 나타나고 있다.

첫째는 귀로 들을 수 있는 현상으로 소리가 났다. 하늘로부터 강한 바람소리 같은 소리가 난 것이다. 바람이 분 것은 아니고 바람 부는 소리와 같은 소리가 위로부터 들려온 것이다. 아마도 이 소리는 성령 강림을 기다리는 모든 사람들의 관심을 끌 수 있기 충분한 일종의 신호가 되었을 것이다. 구약성경에 익숙한 사람들은 하나님께서 급하고 강한 바람을 동반하는 가운데 나타나신다는 사실을 알고 있었을 것이고(사 66:15; 겔 37:9-14; 욥 38:1; 40:6), 예수께서도 니고데모와 대화하시는 가운데 성령의 역사를 바람에 비유하여 말씀하신 적이 있다(요 3:8). 따라서 강하고 세찬 바람 소리와 같은 소리는 하나님의 현현이나 임재를 알리는 팡파르(fanfare)의 역할을 한다고 할 수 있다.

둘째는 눈으로 볼 수 있는 현상으로 불처럼 갈라진 혀들이 나타났다. 여기서 그리스어 본문 "καὶ ὤφθησαν αὐτοῖς διαμεριζόμεναι γλῶσσαι ὡσεὶ πυρὸς καὶ ἐκάθισεν ἐφ᾽ ἕνα ἕκαστον αὐτῶν"을 한글 개역성경은 "불의 혀같이 갈라진 것"이라고 번역했는데. 이것은 오역이다. 이것의 직역은 "불같이 갈라진 혀들"이다. ESV, KJV, NASV, NET, 그리고 NIV 등의 서양의 역본들은 "불과 같이 갈라진 혀들"(divided tongues as of fire)이라고 바르게 번역하고 있다. 불은 혀를 수식하는 말이다. 혀가 불처럼 갈라진 것이다. 따라서 제자들 위에 머문 것은 불이 아니고 혀들이다. 혀는 단수가 아니고 복수이다. 따라서 제자들 위에 머문 혀는 하나가 아니고 복수의 혀들이다.

셋째는 몸으로 느낄 수 있는 현상으로 성령으로 충만해져서 제자들은 각기 다른 언어로 말하기 시작했다.[69] 여기서 중요한 것은 위로부터 혀들이 임하자 제자들은 성령이 말하게 하심을 따라 다른 언어로 말을 하기 시작했고, 천하 각국에서 모여든 유대인들은 제자들이 말하는 것을 각각 다 자신들의 본국 언어로 들었다는 점이다. 혀는 인간들로 말을 하게 하는 신체기관이다. 하나님께서 성령을 주시면서 이 혀들이 나타나게 하신 것은 제자들을 말씀 전하는 도구로 쓰시고 계시다는 것을 보여주는 것이다. 말하자면 구약성경에서 하나님께서 선지자들을 그의 입으로 혹은 대언자로 쓰신 것과 같다. 일찍이 이 같은 현상을 경험한 다윗도 "여호와의 영이 나를 통하여 말씀하시고 그분의 말씀이 내 혀에 있다"(רוח יהוה דבר - בי ומלתו על - לשני, 삼하 23:2)라고 말한다. 이 구절은 성령과 말씀과 혀의 관계를 잘 보여주고 있다. 따라서 제자들에게 성령이 임한 사건은 예수께서 선지자로 세우신 제자들을 하나님께서 그의 영으로 인치시는 의식이라고 할 수 있다. 이는 마치 선지자 이사야의 입술에 화저를 댄 것이나 예레미야의 입술에 손을 댄 것과 같은 이치이다. 이제 제자들은 "하나님의 입"이 되었다. 따라서 이들은 자기가 원하는 대로 말할 수 없고, 성령께서 그들에게 말하게 하시는 대로 다른 언어로 말할 수밖에 없게 된 것이다(행 2:4). 이 같은 사실을 염두에 둘 때 오순절의 성령세례는 본질적으로 우리 죄인들을 위한 구원이나 성화를 위한 목적으로 주어진 것이 아니라, 땅 끝까지 이르러 세상 끝 날까지 예

---

[69] 한국어 역본에서 "방언"이라고 번역하고 있는 그리스어 "그로싸"(γλῶσσα)는 방언 또는 언어라는 말로 번역되는 어휘이다. 그러나 이 예루살렘 사람들은 통역이 없이도 제자들의 말을 알아들을 수 있었다. 분명 소통이 가능한 언어였다. 그러나 고린도전서 12-14장에서 언급되고 있는 "그로싸"(γλῶσσα)는 "사람에게 말하는 것이 아니라 하나님께 말함으로 아무도 그것을 알아듣지 못하니 영으로 말하기 때문이다."(고전 14:2). 따라서 오순절의 "그로싸"(γλῶσσα)는 "언어"로, 고린도전서에서 사용했던 은사로서의 "그로싸"(γλῶσσα)는 "방언"으로 구별하여 번역하는 것이 타당하다.

수께서 명하신 것을 지키도록 가르쳐야 할 제자들을 하나님의 입, 곧 선지자로 세우시고 인을 치신 사건이다.

그런데 제자들이 다른 언어로 말하며, 예루살렘에 모인 사람들은 각자 자기 나라의 언어로 듣게 되자, 놀라서 이들이 새 술에 취했다고 조롱했다. 하나님의 세우심을 받은 선지자들이 자칫 술주정뱅이들로 오인될 상황이 벌어진 것이다. 그래서 베드로가 일어나 구약성경의 요엘서에 기록된 예언의 말씀을 인용하여(욜 2:28-29; 행 2:17-18) 부활하신 예수께서 하나님으로부터 받은 성령으로 자기들에게 세례를 주셔서 자기들을 새언약의 선지자로 세우시고, 그 증거로 다른 나라 말을 하게 되었다는 자기 직분에 대한 변증적인 연설을 했다. 그러자 마치 세례자 요한의 회개를 촉구하는 메시지를 듣고 사람들이 "그러면 우리가 무엇을 해야 합니까?"(눅 3:10)라고 물었던 것처럼 이들도 "형제들이여, 우리가 무엇을 해야 합니까?"(행 2:37)하는 반응을 보이며 제자들을 선지자로 인정했다. 이 날에 약 삼천 명이 제자들의 말을 듣고 세례를 받았다. 이어서 사도행전 3-4장에는 베드로와 요한이 성전 문 앞에서 태어날 때부터 앉은뱅이를 고쳐주었다. 이 일로 말미암아 믿게 된 사람들이 남자만 약 오천 명이나 되었다. 그러나 당시의 종교 지도자들과 정치 지도자들, 곧 백성의 모든 지도자들은 근본을 알 수 없는 제자들이 백성들을 미혹한다고 생각하여 이들을 체포하여 감옥에 가두고 그들의 권위와 능력이 어디로부터 온 것인지 심문하였다. 그들은 나사렛 예수 그리스도의 이름으로 이 사람이 낫게 되었다고 밝히고 "다른 이에게는 구원이 없으니, 천하에 구원 받을 수 있는 다른 이름을 우리에게 주신 일이 결코 없다"(행 4:12)고 말한다. 누가는 이후의 사건을 다음과 같이 기술하고 있다.

"그들이 베드로와 요한이 담대히 말하는 것을 보고, 본래 배우지 못한 무식한 자들로 알았다가 놀랐으며, 이들이 예수님과 함께 있었다는 것

을 알게 되었다. 또 병 나은 사람이 이들과 함께 서 있는 것을 보고 그
들은 아무런 반박도 할 수 없었다. 그러자 그들을 공회 밖으로 나가도록
명령하고 서로 의논하여 말하기를, '우리가 이 사람들에게 어떻게 해야
할까? 그들이 행한 대단한 표적이 예루살렘에 사는 모든 이들에게 잘
알려졌고 우리도 그것을 부인할 수 없기 때문이다. 그러나 그것이 백성
가운데 더 퍼지지 않도록 그들을 위협하여 더 이상 누구에게도 이 이
름으로 말하지 못하게 하자.' 하고 그들을 불러 예수의 이름으로 절대
로 말하지도 말고 가르치지도 말라고 명령하였다." (행 4:13-18)

그러나 그들은 석방되어 나와 더 적극적으로 예수님에 대하여 외치
고 돌아다녔다. 제자들은 요엘 선지자의 말씀에 대한 해석과 적용, 그리
고 태어날 때부터 앉은뱅이었던 자를 고쳐준 기적을 통하여 어느 누구
에게도 반박할 수 없는 하나님께서 세우신 새 언약의 선지자로 인정을
받게 된 것이다. 구약성경에서 선지자들이 하나님의 사람으로 인정받은
것과 같은 과정을 이들에게서도 볼 수 있다.

이상을 살펴볼 때 성령의 역할은 하나님께서 쓰시는 사람들, 특히 말
씀을 전하고 복음을 선포하는 자들을 하나님 자신이 부르시고 세우셨
다는 것을 인증하는 도장 역할을 한다. 그리고 성령의 역사는 한 개인의
중생과 성화를 주관하는 일을 할 뿐 아니라 하나님의 종이라는 것을 보
증한다. 바로 이 점에서 오순절 성령강림은 예수님의 제자들을 땅 끝까
지 나가서 복음을 전파해야 할 하나님의 선지자임을 위임하고 증명하는
사건이었고 오순절 성령세례는 반복되어야 할 필요가 없는 단회적인 사
건인 것이다.[70]

70 R. Gaffin, John MacArther, S. Ferguson 등의 개혁주의 신학자들은 오순절 성
령세례를 구속사에 있어서 단번의 신기원을 이루는 사건이며(*Historia Salutis*) 그리스
도께서 십자가에서 이루신 구원을 각 개인에게 적용하는 일을 하는 성령의 사역 (*Ordo
Salutis*)과는 다르다고 말하는 점에서 있어서는 옳다(cf. Hyung Yong Park, *The Holy*

출애굽기 4:12에 보면 하나님께서 모세를 부르시며, "이제 가라. 내가 네 입과 함께 하며, 네게 말할 것을 너에게 가르쳐 줄 것이다."고 말씀하신다(참조 4:15). 진리의 영이신 보혜사, 성령께서는 제자들을 진리 가운데로 인도하며, 앞으로 올 일을 알려주며(요 16:13), 예수께서 말씀하신 것을 일려주는 일도 하신다(요 16:14-15). 성령은 제자들이 세상에 나가서 말씀을 전하고 가르치는데 필요한 모든 일을 지도하고 인도하시는 일을 하실 것이다.

Spirit and The Church (Suwon: Hapdong Theological Seminary Press, 2011), 104-5. 그러나 오순절의 성령세례를 구속사에 있어서 유일한 신기원적 의미를 가진 사건(a unique epochal significance in the history of redemption, Perspectives on Pentecost, 22)이라고 말하는 것은 성령세례의 본질적인 의미에 비추어 볼 때 동의하기 어려운 주장이다. 그리스도의 오심이야 말로 "a unique epochal significance"를 가진 사건이다.

제5장

말씀과 성령

예수님의 부활 승천 후 예수님의 말씀 사역을 이어가야 할 제자들은 이제 성령의 인도하심을 받아야 했다. "하나님께서 보내신 분은 하나님의 말씀을 하시니, 이는 하나님께서 성령을 한없이 주시기 때문이다."(요 3:34). 예수께서는 제자들에게 성령 세례를 통하여 말씀 전하는 하나님의 종으로서의 권위와 능력을 부여하셨다. 따라서 성령은 제자들이 말씀의 종임을 증거하고, 말씀의 능력이 나타나고 역사하게 한다. 그리하여 성령은 말씀을 받은 사람을 살리고, 변화시키고, 성장하게 하는 일을 하는 것이다. 여기서 우리는 말씀과 성령의 관계를 좀 더 고찰해야 할 필요가 있다.

1. 말씀과 성령

베드로가 로마 백부장 고넬료 집에 청함을 받아 가서 말씀을 전할 때, 성령이 임한 사실을 다음과 같이 기술하고 있다. "베드로가 아직 이 말을 하고 있을 때에 성령께서 그 말을 듣는 모든 이들에게 임하셨다."(행 10:44). 이때 베드로는 예수께서 "만유의 주"가 되심과 갈릴리와 온 유대에서 행하신 말씀 사역과 치유 사역, 예수님의 십자가의 고난과 죽음과 부활, 예수님의 산 자와 죽은 자의 심판주 되심, 그리고 예수님을 믿음으로 말미암은 죄 용서 등을 설명하였다(행 10:34-43). 말하자면 본문의 말씀대로 "평화의 복음"(εὐαγγελιζομένος εἰρήνην, 36)을 전한 것이다. 바로 이때에 성령이 임하셨고, 듣고 있던 이방인들이 방언을 하며 하나님을 높였다. 그리고 베드로는 이 사실을 예루살렘의 사도들에게 보고하면서 "내가 말하기를 시작할 때에 성령께서 처음 우리에게 내리셨던 것처럼 그들에게 내려오셨다."(행 11:15)라고 말했다. 베드로는 그가 하나님의 말씀, 복음을 전할 때 성령이 임하고, 사람들이 방언을 시작했다고 증언한다. 여기서 우리는 성령은 말씀이 선포되는 가운데 임하신다는 중요한 사실을 알 수 있다. 사실 성령과 말씀은 이처럼 함께 일하는 것이다. 말씀이 선포되는 곳에 성령이 임하고, 성령은 말씀을 통하여 역사하신다. 따라서 말씀과 성령은 동전의 앞뒤와 같이 서로 떼려야 뗄 수 없는 관계이다. 성령은 우리 가운데 새로운 교리를 만들어내는 것이 아니라 복음이 명령하는 그 교리를 우리 마음에 인치는 분이시다.[71] 칼빈은 성경과 성령의 통일성에 대하여 다음과 같이 가르치고 있다.

"성령께서는 자신이 성경에서 표현하신 바로 그 진리 속에 내재해 계시므로 우리가 그 말씀에 정당한 존경과 위엄을 돌릴 때에야 그분의 능력을 나타내신다. … 주께서는 일종의 상호 결속을 통하여 그분의 말씀의 확실성과 성령의 확실성을 하나로 묶어 놓으셨기에 성령께서 빛을 비추셔서 우리로 하여금 하나님의 은혜를 바라보게 하실 때에 말씀에 대한 완전한 신앙이 우리 마음속에 자리 잡게 된다." (1.9.3)

이에 대해 레이몬드는 칼빈의 기독교 강요 제 1권 9장의 말씀과 성령의 관계를 설명하며 "말씀 없는 성령은 망상이요, 성령 없는 말씀은 죽어 있다. 말씀과 성령은 항상 함께 가며 결코 분리되어서는 안 된다."[72] 고 말했다. 성령은 우리가 오라고 하면 오고, 가라고 하면 가는 존재가 아니다. 우리 인간은 성령을 부릴 수 없다. 예수님의 말씀대로 성령은 바람과 같다(요 3:8). 바람이 불고 싶은 대로 불 듯이 성령도 하나님의 주권 대로 역사하신다. 그러나 우리가 성령을 움직이시게 하고 일하시게 할 수 있는 한가지 방법이 있다. 그것은 말씀을 전하는 것이다. 말씀이 전파되는 곳에 성령이 역사하신다. 말씀이 전파되는 곳에는 성령이 임하시고, 성령은 말씀을 통하여 사람의 마음을 움직이신다. 따라서 우리가

---

71 Calvin. Inst. 1. 9. 1.
72 로버트 L. 레이몬드. "칼빈의 성경관" 오창록 옮김. 데이비드 W. 홀 편집 『칼빈의 기독교 강요 신학』 나용화 외 옮김 (서울:CLC, 2009), 94.

말씀을 제쳐놓고 성령을 구하는 것은 그릇이 없이 물을 담으려는 것과 같다. 우리는 성령을 구하기 전에 말씀을 가르쳐야 한다. 말씀이 선포되고 가르쳐지는 곳에 성령이 역사하시지만 말씀이 없는 곳에는 통상적으로 성령이 역사하실 수 없다.[73]

여기서 우리가 유의해야 할 점은 예수님의 제자들이 3년 동안이나 예수님과 함께 기거하며 배우고 훈련받은 사람들이라는 사실이다. 그리고 예수께서는 이들을 새언약의 선지자로 세우며, "내가 너희에게 명령한 모든 것을 지키도록 가르치라."(마 28:20)고 사명을 주신다. 이들은 먼저 가르침을 받았고 가르치는 사람들이 된 것이다. 따라서 오순절 사건 이후 제자들의 활동을 보면 이들은 성경을 가르치는 일에 전념한 사람들이며, 또한 성경에 대하여 능통한 사람들이었음을 알 수 있다. 베드로와 요한, 순교자 스데반, 빌립, 아나니아 등은 누구 못지 않게 성경에 능통한 달인들이었다. 예루살렘의 종교 지도자들은 제자들을 배운 것이 없는 무식한 사람들로 알았다가 이들의 선지자 됨을 성경적으로 논박할 수 없어서 어쩔 수 없이 감옥에서 석방해 주었었다(행 4:13-14). 예수께서는 그가 보내는 보혜사 성령께서 이들이 해야 할 말을 생각나게 해주신다고 약속하셨는데(요 14:26; 16:4), 텅 빈 머릿속에 갑자기 성령이 임하셔서 그들이 필요한 지식을 주입시켜 주실 리가 없다. 성령께서 하신 일은 이미 이들이 예수께로부터 듣고 배운 말씀을 기억나게 하는 것이었다. 이들이 새 언약의 선지자로 세우심을 받을 때까지 예수님으로부터 충분히 말씀을 배우고, 심지어 시험까지 봤다는 것을 잊어서는 안

---

73 말씀과 성령의 관계에 대하여 오순절이 시사하는 바가 있다. 구약성경에서 칠칠절이라고 하는 오순절에 대하여 유대인들은 이스라엘이 출애굽한 후 50일이 되는 날이며, 이스라엘은 이때에 시내 산에서 말씀을 받았다고 믿는다. 그러나 신약에서는 이 오순절에 성령이 임했다. 같은 오순절에 말씀과 성령을 받았다는 것은 바로 말씀과 성령이 한 날에 하나님께로부터 주어진 것이며, 그 관계에 있어서 떼려야 뗄 수 없는 것임을 암시하는 것이다.

된다. 구약 성경의 선지자들도 하나님의 말씀을 즉흥적으로 전한 사람들은 아니었다. 하나님께서는 에스겔에게 하나님의 말씀을 뱃속 깊이까지 채우라고 명하셨다. 우리 속에 하나님의 말씀이 있어야 성령께서 그 말씀을 통하여 우리를 변화시키고, 성장시키며, 충만하게 하시고, 능력을 주시는 것이다. 물론 교회에도 하나님의 말씀이 차고 넘칠 때, 성령의 살리는 역사가 일어나고, 은혜가 충만하게 된다.[74]

2. 말씀과 중생

성령은 일반적으로 예수께서 십자가상에서 이루신 구원을 우리 개개인에게 적용하는 일을 하신다. 즉, 성령은 중생, 회개, 믿음, 칭의, 입양, 성화, 영화 등의 우리 구원의 전 과정을 주관하는 일을 하는 것이다. 그래서 전통적인 신학교의 교과 과목에서는 구원론을 성령론이라고 말한다. 그러나 성령의 이러한 중요한 사역을 성경에서는 말씀 사역으로 대치하고 있는 경우가 있다. 중생과 성화가 그렇다.

예수께서는 밤에 그를 찾아온 이스라엘의 선생, 니고데모에게 위로 나지 않으면[75] 하나님 나라를 볼 수 없다고 말씀하시며, "내가 진정으로 진정으로 네게 말한다. 누구든지 물과 성령으로 나지 않으면 하나님 나라에 들어갈 수 없다."(요 3:5)고 단언하신다. 중생의 도리를 가르치시며 사람이 위로부터 "물과 성령"으로 다시 태어나야 한다는 것이다. 이때 물과 성령은 무엇을 가리키는 것일까?[76] 일반적으로 물은 씻는 것, 혹은

---

74 손석태 『말씀과 성령』(서울:CLC, 2013), 99-100.

75 그리스어 "겐네데 아노덴"(γεννηθῇ ἄνωθεν)은 "거듭 낳다"라는 말보다는 "위로부터 낳다"(born from above)고 번역하는 것이 더 적절하다.

76 물과 성령으로 다시 난다는 의미에 대하여 여러 의견들이 제안되고 있다. 첫째로 성령으로 다시 난다는 의미와 동일하게 사용한다고 주장하는 설, 둘째로 여기서 물은 정화(purification)를 의미한다고 주장하는 설, 셋째는 물은 세례 요한이나 예수님, 혹은 제자

정결 예식과 관련이 있다. 따라서 디도서 3:5에는 "우리를 구원하시되, 우리가 행한 의로운 행위들로 말미암지 않고 오직 그분의 긍휼하심을 따라 중생의 씻음과 성령의 새롭게 하심으로 하셨다."고 가르치고 있다. 이 구절을 통해 우리는 구원이 중생의 씻음과 성령의 새롭게 하심이라는 두 요소가 동반됨을 알 수 있다. 그런데 "중생"이란 성령의 역사인데, 본문에는 "중생의 씻음"이라는 말을 쓰고 있다. 씻음을 중생의 한 면으로 보고 있는 것이다. 이미 구약성경에서 하나님께서는 성령의 씻음과 중생에 대해서 다음과 같이 말하고 있다.

> "너희 위에 정결한 물을 뿌릴 것이니, 너희가 깨끗하게 될 것이다. 내가 너희를 너희 모든 부정함과 너희 모든 우상들에게서 정결하게 할 것이다. 내가 너희에게 새 마음을 주고 너희 가운데 새 영을 줄 것이니, 내가 너희 육신으로부터 돌 같은 마음을 없애고 너희에게 살 같은 마음을 줄 것이며, 내 영을 너희 가운데 두어 너희가 내 율례 안에서 행하고 내 법도를 지켜 행하게 할 것이다." (겔 37:25-27)

여기서 말하는 "물"이란 하나님께서 주시는 것으로 사람을 깨끗하게 하고 정결하게 하며, 마음을 새롭게 하는 하나님의 영을 의미하는 말이다. 따라서 "중생의 씻음"은 회개와 그에 수반되는 세례로 설명될 수 있다.[77] 그런데 예수께서는 이 씻음에 대하여 요 15:3에서 제자들에게 "너희는 내가 너희에게 일러준 말로 이미 깨끗하게 되었다."고 말씀하셨다. 따라서 이 씻음은 단순한 회개만을 의미하는 것이 아니라, 말씀으로 말미암은 내면적인 정화를 의미한다. 사도 바울도 이 점에 대하여 "그리스

들의 세례를 의미한다는 설 등이다. 그러나 성경에 언급된 여러 구절을 살펴볼 때 "물과 성령"은 "말씀과 성령"으로 이해하는 것이 적절하다.

77 J. Calvin, *Calvin's Commentary on the Epistle to Timothy, Titus, Philemon,* tr. William Plinge (Grand Rapids: Baker, 1979), 332-333.

도께서 교회를 물로 씻고 말씀으로 깨끗하게 하여 거룩하게 하셨다"(엡 5:26)고 말한다. 뿐만 아니라 에스겔 36:25, 27에서는 하나님께서 이스라엘에게 맑은 물, 곧 성령을 뿌려 주시겠다고 말씀하셨다. 따라서 예수께서 "물과 성령"으로 거듭나야 한다는 말은 "말씀과 성령"을 가리킨다고 할 수 있다. 말씀과 성령이 서로 함께 일하여 사람을 거듭나게 하는 것이다(요 3:34).[78]

베드로는 "너희가 거듭난 것은 썩어질 씨로 된 것이 아니라 썩지 않을 씨로 된 것이니, 곧 하나님의 살아있고 항상 있는 말씀으로 된 것이다."(벧전 1:23)라고 가르친다. 이는 사람의 거듭남, 곧 중생이 썩지 아니할 씨, 곧 하나님의 항상 있는 말씀으로 되었다는 것이다. 이 말씀은 마치 아버지가 아들을 낳음같이 하나님은 말씀으로 우리를 낳았다는 뜻인데, 여기서 말씀을 씨로 묘사하는 것은 예수께서 말씀 전하는 자를 "씨 뿌리는 자"로 묘사한 것과 맥을 같이 한다.

베드로는 오순절 강림을 준비하고 성령 세례를 받는 사건 가운데 결정적으로 중요한 역할을 했던 사람이다. 게다가 고넬료부터 시작해서 이방인에게 복음이 처음 전파될 때에도 베드로는 하나님께 쓰임 받아 이방 선교의 문을 여는 선구자로 세워졌다. 베드로를 통하여 이방인들에게 성령을 주시고 생명 얻는 회개를 주셨다. 베드로야말로 이 세상의 어느 누구보다 성령 체험을 많이 한 사람이다. 성령의 능력을 알고, 또한 능력 있는 성령의 역사를 행한 사람이다. 그런데 그러한 베드로가 사람의 거듭남이 성령으로 된 것이라고 말하지 않고 오히려 그것을 말씀의 역사라고 했다.

베드로는 예수께서 제자로 부르실때부터 말씀에 대한 체험을 한 사

78 Reymond E. Brown, *The Gospel According to John X Ⅲ-XXI*. The Anchor Bible (Garden City: Doubleday & Company, 1970), 636-677. William Hendriksen, *John*. The Geneva Series of Commentary (London: The Banner of Truth Trust, 1954), 299.

람이다. 예수께서 그에게 깊은 데로 가서 그물을 내리라고 말씀하실 때에 그는 "선생님(ἐπιστάτα), 저희가 밤새도록 수고하였지만 아무것도 잡지 못하였으나 선생님의 말씀을 따라 그물을 내리겠습니다."(눅 5:5)라고 말하면서 순종했다. 그러자 베드로는 그물이 찢어질 만큼 많은 물고기를 잡게 되었고, 그제서야 그는 예수께서 보통 사람이 아닌 신적 능력을 가진 분, 곧 하나님이심을 알게 되었다. 그래서 그는 예수님을 "주"(κύριε)라고 부르고 자신이 죄인임을 엎드려 고백했다. 그는 진정 말씀의 능력을 체험하고 주님을 따른 자였다.

예수께서 축사하셔서 만들어주신 빵과 물고기의 맛을 본 무리들이 예수님을 그들의 왕으로 삼고자 찾아 왔을 때, 예수께서는 자신의 살과 피를 먹고 마셔야 생명이 있다고 하시며 썩는 양식을 위하여 일하지 말고, 영생하도록 있는 양식을 위하여 일하라고 말씀하셨다(요 6:53). 그러자 그 말을 들은 무리들 모두가 다 떠나버리고 베드로와 제자들만 남게 되었다. 이때 예수께서 "너희도 떠나가려 하느냐?"고 물으시자 베드로가 "주님, 우리가 누구에게로 가겠습니까? 주님은 영생의 말씀을 가지고 계십니다."(요 6:68)라고 대답한다. 베드로는 예수께서 얼마나 큰 능력의 소유자 이신지를 잘 아는 사람이었다. 그는 이 사건에서도 예수께서 오병이어로 오천 명을 먹이시는 모습을 보았을 뿐만 아니라 그가 직접 이 일에 동참하여 무리들을 먹였다. 그러나 그는 예수님의 그러한 기적에 소망을 두거나 기적을 통하여 자신의 유익을 얻을 생각은 없었다. 다만 예수께는 생명을 살리는 말씀이 있기 때문에 따른다는 것이었고, 베드로는 이러한 말씀에 대한 체험을 통하여 계속해서 "우리는 주께서 하나님의 거룩한 분이심을 믿고 알았습니다."(요 6:69)라고 말한다. 그는 예수님의 말씀을 붙잡고 따랐으며, 말씀의 능력을 체험하고 예수님을 하나님의 거룩한 자, 곧 하나님의 아들로 고백하고 예수님을 따랐다. 그렇기 때문에 그는 성령에 대한 깊은 체험을 했을지라도 우리가 거듭난 것이 성령으로 되었다고 말하는 것이 아니라, 영생하도록 있는 말씀으로 되었다고 말했던 것이다.

말씀의 중생 사역은 신약성경뿐만 아니라 구약성경에도 나온다. 시편 저자는 다음과 같이 기록하고 있다.

"여호와의 율법은 완전하여 영혼을 소생시키고, 여호와의 증거는 확실하여 어리석은 사람을 지혜롭게 하며 여호와의 교훈은 정당하여 마음을 즐겁게 하며, 여호와의 명령은 순수하여 눈을 밝게 한다." (시 19:7-8)

여기서 여호와의 율법, 증거, 교훈, 계명 등은 "말씀"을 지칭하는 어휘들이다. 여호와의 말씀은 죄로 죽은 영혼을 소생하게 하고, 우둔한 자로 지혜롭게 하며, 사람의 마음을 기쁘게 하고, 나아가 죄로 어두워진 사람의 눈을 밝게 한다. 말씀의 완전성, 정직성, 순결성 등은 모두 말씀의 특성을 기술하는 말로서 위와 같은 창조와 변화를 일으키는 것이다. 이러한 일은 바로 성령이 하시는 일이다.

히브리서 4장 12-13절은 "과연 하나님의 말씀은 살아 있고 활동력이 있으며 어떤 양날 선 검보다 더 날카로워서 혼과 영과 관절과 골수를 찔러 쪼개기까지 하며 마음의 생각과 의도를 분별해 낸다. 그리고 피조물이 그 앞에서 숨겨지지 않고 모든 것이 벌거벗겨져 그의 눈앞에 드러나 있으니 우리는 그것을 염두에 두어야 한다."고 말하고 있다. 하나님의 말씀이 살아있고 운동력이 있다는 것은 생명력과 창조력, 나아가서 판단력이 있다는 뜻이다. 그래서 말씀은 사람을 중생시키고, 회개시키며, 내적인 마음의 변화를 일으킨다. 뿐만 아니라 믿음은 육의 몸을 신령한 몸으로, 세상 나라 사람들을 하나님 나라의 백성으로 만드는 능력도 가지고 있다. 의심할 여지없이 하나님의 말씀은 능력이 있으며, 권위가 있다. 그러나 중요한 것은 이러한 말씀의 능력이 성령을 통하여 일어나는 일이라는 것이다.

3. 말씀과 성화

중생한 사람은 성장을 해야 한다. 중생을 어린 아이의 출생으로 비유한다면 성화란 어린 아이의 출생으로부터 장성한 어른이 되어 하나님 나라에 가기까지의 성장 과정을 뜻하는 말이다. 성경은 이 성장의 단계 곧, 성화를 일으키는 일을 성령이 한다고 가르친다. 그런데 이 성화 과정에 있어서도 말씀의 역할이 있다.

사도 바울은 에베소에서 아데미 여신을 신봉하는 상인들의 난동으로 갑자기 삼 년 동안의 목회 생활을 접고 에베소를 떠나게 되었다. 미처 인사도 못한 상황이었기 때문에 나중에 장로들을 인근 밀레도 항구로 따로 불러 작별 인사를 하며 이렇게 말한다.

"그러므로 너희는 깨어서 내가 삼년 동안 밤낮으로 쉬지 않고 눈물로 각 사람을 훈계하던 것을 기억하여라. 이제 나는 너희를 하나님과 그분의 은혜의 말씀께 부탁하니, 그 말씀이 너희를 굳게 세우고 거룩함을 입은 모든 이들 가운데서 너희에게 유업을 주실 것이다." (행 20:31-32)

바울은 자기가 삼 년 동안 각 사람에게 훈계하던 것을 잊지 말 것을 당부하며, 그들을 "주와 은혜의 말씀"에게 부탁한다. 여기서 그는 주와 은혜의 말씀을 동일시하며, 그의 양 무리들을 맡긴다. 그러면서 말씀이 하는 일을 두 가지를 말한다. 첫째는 말씀이 그들을 굳게 세운다는 것이고, 둘째는 말씀이 그들에게 유업을 주신다는 것이다. 여기서 "굳게 세운다"고 번역하는 헬라어 "오이코도메오"(οἰκοδομέω)라는 말은 "건축하다"(to build) 혹은 "세우다"(to erect)라는 뜻이다. 이는 개인적으로

는 신앙의 성장이라는 의미로, 집합적으로는 교회를 세운다는 의미로
쓰여진 말이다. 또한 말씀이 거룩하게 된 성도들에게, 즉 성화를 이룬 성
도들에게 유업을 주신다는 것은 종말론적으로 성화의 단계를 거쳐 영화
의 단계를 염두에 둔 말이다.[79] 이를 통해 말씀이 우리 성도들의 구원을
완성하는 일을 한다는 것을 알 수 있다. 즉 말씀이 성화의 전 과정을 주
관하고 이루는 것이다. 사실 이 일은 성령이 하는 일이지만 바울 사도는
성령이라는 말을 여기서 사용하지 않고 있다. 바울의 말에 따르면 말씀
이 성도들을 굳게 세우고, 유업을 얻게 한다는 것이다.

또한 바울은 그의 제자 디모데에게 보내는 서신 가운데 성경의 또 다
른 역할을 가르친다.

"모든 성경은 하나님의 영감으로 된 것으로 교훈과 책망과 바르게 함과
의로 교육하기에 유익하니, 이는 하나님의 사람으로 온전하게 하며 모
든 선한 일을 위하여 준비되게 하려는 것이다." (딤후 3:16-17)

바울은 성경이 하나님의 사람을 온전하게 하며, 모든 선한 일을 할
수 있도록 준비시킨다고 말한다. 여기서 "온전하게 하다"는 말은 헬라
어 "아르티오스"(ἄρτιος)를 번역한 것으로 "숙달된"(proficient), "유능
한"(capable), "흠잡을 데 없는"(complete) 등의 의미이다. 말하자면 성
도들을 성숙하게 한다는 의미이다. 성경은 하나님의 선한 일을 위하여
언제든지 사용하실 수 있도록 성숙하고 준비된 사람이 되게 한다는 것
이다. 물론 이러한 일은 다 성령이 하시는 일이다. 그러나 바울은 "말씀"
이 이러한 일을 한다고 가르친다. 그렇다고 성령의 사역을 부정한다는

---

79 "거룩함을 입은 자"라는 말은 그리스도인을 가리켜 사도 바울이 자주 사용하는 말
이다. 성도는 "거룩하게 된 자", 즉 그리스도 안에서 하나님의 백성으로 "구별 해놓은 자",
"따로 떼어 놓은 자"라는 뜻이다. New American Commentary. Acts 20:32.

뜻은 아니고, 말씀을 강조하며, 오히려 말씀과 성령의 동일성을 염두에 두고 한 말이라고 할 수 있다.

이상에서 살펴본 대로 하나님의 말씀은 사람을 거듭나게 하고, 성장하게 하며, 하나님께 쓰임받는 사람이 되게 한다. 이것은 성령께서 하시는 일이기에 말씀과 성령은 떼려야 뗄 수 없는 관계임을 알 수가 있다. 성령은 말씀을 통해서, 말씀을 가지고, 또한 말씀이 전파되는 곳에서 역사한다. 우리는 성령을 오게 할 수도 가게 할 수도 없다. 그러나 말씀은 전파할 수 있다. 말씀이 전파되면 성령은 그 말씀을 통해서 역사한다. 그러므로 성령을 구하는 일과 함께 말씀을 전파하는 일에 힘써야 한다. 퍼거슨은 종교 개혁자들의 성령과 말씀과 성화의 관계를 다음과 같이 소개한다.

"만일에 우리가 성령이 없이 말씀만 강조하면 우리는 '말라붙어버릴 것이고' (dry up), 만일에 우리가 말씀 없이 성령만을 강조하면 우리는 '폭발해버릴 것이다' (blow up). 그러나 우리가 성령과 말씀을 다 같이 강조하면 우리는 '성장할 것이다' (grow up)." [80]

여기서 " … up, … up, … up"에 운을 맞추어 성화에 있어서 말씀과 성령의 불가분리성을 말하고 있다. 뿐만 아니라 그는 오웬이 했던 말, "성령을 말씀으로부터 완전히 분리한 사람은 마치 성령을 불태우는 사람과 같다." [81] 를 상기시킨다.

---

80 Sinclair Ferguson, "John Owen and the Doctrine of the Holy Spirit" in *John Owen: The Man and His Theology*. The Martin Lioyd Jones Memorial Lecture 2000 (Philipsburg: P&R, 2002), 105-6.

81 W. H. Goold, ed. *The Works of John Owen*, vol 3 (Edinburgh: T&T Clark, 1850-53), 192.

4. 말씀충만과 성령충만

성령께서 우리 가운데 하는 일은 다양하다. 특히 성령께서는 예수께서 십자가에서 이루신 구원을 우리 각 사람에게 적용하는 일부터 시작해서 우리 죄인들의 중생과 믿음, 칭의와 입양, 그리고 영화에 이르기까지의 모든 성화의 전 과정을 주관하는 일을 하신다. 성령께서 이러한 일을 하려면 무엇보다 그가 우리 안에 들어와 계셔야 한다. 성령은 우리 가운데 임하시고, 우리의 생각과 말과 행동을 주관하시어(롬 8:1-11), 우리가 하나님의 자녀다운 사람이 되도록 가르치고 훈련시키는 일을 하셔서, 결국에는 성령의 다양하고 풍성한 열매를 맺게 하신다(갈 5:22-23). 그렇기 때문에 우리는 성령을 따라 행하고, 성령으로 살게 되는 것이다(갈 5:25). 그렇다면 우리는 어떻게 해야 성령이 내 안에 머무르시게 할 수 있을까? 일단 우리는 성령의 내주하심을 위해서 기도해볼 수 있을 것이다. 그러나 하나님께서는 우리의 기도를 우리가 원하는 대로 다 들어주시는 분이 아니다. 더구나 성령은 예수님의 말씀대로 바람이 임의대로 불듯이 자유롭게 역사하시는 분이어서(요 3:5) 우리가 원하는 대로 오시고 가시는 분이 아니다. 그러나 성령과 말씀의 관계를 염두에 둔다면 우리가 성령이 역사하실 수 있게 하는 길이 있다. 말씀이 내 안에 거하게 하는 것이다. 예수께서는 "내 안에 거하여라. 나도 너희 안에 거하겠다"(요 15:4)고 말씀하시며 "너희가 내 안에 거하고 내 말이 너희 안에 거하면, 무엇이든지 너희가 원하는 것을 구하여라. 그러면 너희에게 이루어 질 것이다."(요 15:7)라고 가르치셨다. 예수께서는 우리 안에 예수님의 말씀이 거해야 한다는 사실을 말씀하신 것이다. 여기서 "너희가 내 안에, 내가 너희 안에"는 "너희가 내 안에, 내 말이 너희 안에"라는 구절과 병행을 이루고 있다. 예수께서 우리 안에 거하시는 것은 예수님의 말씀이 우리 안에 거하신다는 뜻이다. "우리가 예수님 안에, 예수님이 우리 안에"라는 이 신비로운 관계는 성령의 역사가 아니면 이룰 수 없는 일이다. 성령으로만 예수님께서 우리 안에 거하실 수 있다. 사도바울은 고후 6:16에서 "우리는 살아계신 하나님의 성전이다."고 가르쳤고, 고전 6:19에서는 "너희 몸은 너희가 하나님께로 받아 너희 안에 모시고 있는 성령의 전이라는 것을 알지 못하느냐?"고 물었다. 이는 물론 우리가 성령의 전이라는 대답을 이끌어내기 위한 수사적인 질문이다. 이러한 구절들을 통해서 추측컨대 예수님께서는 우리 안에 성령으로 거하신다. 그러므로 성령이 우리 안에 거하신다는 말은 바로 예수님의 말씀이 거한다는 말이 된다. 따라서 우리가 성령 충만하려면 우리 속에 하나님의 말씀이 충만하게 있어야 한다.

또한 '성령 충만'이라는 말은 사도들의 복음 사역과 더불어 언급되고 있음을 볼 수 있다. 예수님의 제자들은 오순절에 성령을 받았다. 우리는 이를 가리켜 성령세례라고 말한다. 성령세례를 받은 제자들은 나가서 힘 있게 하나님의 말씀을 전하며 병을 고치기도 했다. 그러자 제사장들과 서기관들과 모든 종교 지도자들이 다 모여 사도들에게 "너희가 무슨 능력과 누구의 이름으로 이 일을 하느냐?"고 물었다. 이때에 베드로는 성령이 충만하여 너희가 십자가에 못 박은 예수 그리스도의 이름으로 건강하게 되었다고 말한다(행 4:8). 그들은 베드로와 요한이 배우지 못한 무식자들임에도 담대히 말하는 것을 보고 놀랐다. 이와 같이 사도들은 "모두가 성령으로 충만하여 하나님의 말씀을 담대하게 전하였다."고 했다(행 4:31; 9:17; 13:9, 52). 이처럼 사도들이 성령이 충만한 경우는 바로 말씀을 전할 때였다. 여기서 우리는 성령 충만과 말씀 선포는 깊은 관계를 가진 것을 볼 수 있다. 제자들은 오순절에 성령세례를 받아 그들이 하나님께서 보내신 새 언약의 선지자임을 인증 받았다. 이는 예수께서 약속하신대로 성령, 곧 진리의 영이 오셨으므로 그가 제자들을 진리 가운데로 인도하시며(요 16:13), 그들과 함께 하시기 때문이었다(요

16:33). 성령께서는 제자들이 말씀을 전할 때 그를 충만하게 하시어 말씀의 권위와 능력을 드러내고, 그가 하나님의 보내신 말씀의 종임을 증거할 뿐만 아니라, 제자들이 전한 말씀이 땅에 떨어지지 않고 말씀을 받는 사람들의 마음속에서 그가 회개하고 예수님을 믿도록 역사하신다. 말하자면 말씀 충만이 곧 성령 충만이다.

하나님께서는 에스겔을 그의 선지자로 부르실 때, "그분이 내게 말씀하실 때 영이 내게 들어와서 내 발로 나를 서게 하셨으며 나는 그분께서 내게 말씀하시는 것을 들었다"(겔 2:2)고 했다. 그리고 하나님께서는 그에게 두루마리를 주시면서 "인자야 내가 네게 주는 이 두루마리를 네 배로 먹고, 네 창자에 채워라."(겔 3:3)고 명하셨다. 에스겔은 하나님의 영을 자기 속에 들어오게 할 수 없다. 그것은 하나님께서 알아서 하실 일이다. 그러나 두루마리에 쓰인 하나님의 말씀을 그의 배와 창자에 채우는 일은 바로 에스겔이 할 일이었다. 선지자의 할 일은 말씀을 충만하게 자기 뱃속에 채우는 것이다. 그래야 그는 하나님의 입으로서 하나님의 말씀을 선포하는 선지자가 될 수 있다. 하나님께서는 말씀이 충만한 에스겔에게 그의 이마를 부싯돌보다 더 단단한 다이아몬드처럼 만들어 어떤 굳은 마음이라도 부숴버릴 수 있게 해주신다고 약속하신다(겔 3:9). 하나님께서는 말씀이 충만한 선지자를 성령으로 충만하게 하시어 그를 통해 그의 권능을 나타내시고, 사람들 가운데 구원의 역사를 일으키신다.

우리 성도들의 신앙생활이란 성령이 충만한 생활이다. 우리는 어떻게 성령이 충만한 사람이 될 수 있을까? 우리는 성령을 오게 할 수도 없고, 가게 할 수도 없다. 또한 우리가 기도를 많이 한다고 해서 성령이 충만한 사람이 될 수 있는 것도 아니다. 성령은 예수님 말씀대로 그의 뜻대로 행하시는 분이시기 때문이다(요 3:8). 그러나 성령이 오셔서 일하시게 하는 한 가지 방법이 있다. 그것은 말씀을 내 안에 충만하게 하는 것이다. 그러면 말씀과 떼려야 뗄 수 없는 관계에 있는 성령께서는 내 안에 임하시고, 내 안에 거하시고, 내 안에서 일하시어 풍성한 성령의 열매를 맺게 하실 것이다. 우리가 말씀을 전파하고 가르친다면 말씀과 성령은 마치 바늘과 실의 관계와 같아서 성령은 말씀을 받는 사람들 가운데 역사하시고, 사람을 성숙하게 하며, 많은 열매를 맺게 하신다. 따라서 우리는 항상 하나님의 말씀이 내 안에서 풍성하게 차고 넘쳐야 한다. 바울은 빌립보 성도들에게 "너희가 생명의 말씀을 붙들어 그리스도의 날에 내가 자랑하게 하라."(빌 2:16)고 말했다. 우리가 성도로서 그리스도 앞에 서는 날까지 해야 할 일이 바로 생명의 말씀을 붙잡는 것임을 가르치고 있는 것이다. 그렇기 때문에 우리는 주야로 말씀을 묵상하며(시 1:2), 말씀을 내 뱃속에 가득 채워야 한다(겔 3:3). 그래야 성령이 충만한 사람이 될 수 있다.

제6장

제자들의 말씀 사역

예수께서는 부활하여 승천하기까지 제자들을 만나 구약성경을 통하여 자신에 관한 말씀을 가르치셨다. 그리스도를 중심으로 구약성경의 예언과 약속이 어떻게 이루어졌는가를 가르치심으로써 제자들이 하나님의 구속 역사를 바로 이해하고 가르치고 선포할 수 있도록 준비시키셨다. 그리고 제자들에게 예루살렘을 떠나지 말고 성령을 기다리라고 분부하신다.

1. 말씀과 성령을 받은 제자들

"하늘과 땅의 모든 권세를 나에게 주셨으니 그러므로 너희는 가서 모든 민족을 제자로 삼아 그들에게 아버지와 아들과 성령의 이름으로 세례를 주고, 내가 너희에게 명령한 모든 것을 가르쳐 지키도록 하라. 보아라, 내가 세상 끝날까지 항상 너희와 함께 있을 것이다." (마 28:18-20)

이 말씀은 유다가 빠진 열한 제자들이 모인 가운데 부활하신 예수께서 나타나셔서 제자들을 전 세계에 성경을 가르치는 선지자로 세우시며 주신 말씀이다. 이 말씀은 구약 성경에서 하나님께서 선지자들을 불러 사명을 주시고 백성들에게 내보는 소명 기사(Call Narrative)와 유사하다.[82] 선지자는 하나님의 말씀을 대언하는 자이다. 하나님의 말씀을 대언해야 할 선지자를 부르시는 소명 기사는 여호와께서 선지자를 불러 먼저 자기 소개를 한 뒤, 선지자가 가서 해야 할 사명을 말씀하시고, 자신의 부르심을 선뜻 받아들이지 않는 선지자에게 여러가지 이적이나 증거를 보이신 후, 그가 항상 함께 하시겠다는 약속을 주시는 내용으로 이루어져 있다. 마찬가지로 예수께서 제자들을 세우시는 이 지상명령도 자신을 하늘과 땅의 모든 권세를 가지신 하나님으로 소개하시고, 제자들

---

82 손석태 『목회를 위한 구약신학』 (서울:CLC, 2006), 98-99.

에게 세계적이고 역사적인 선지자적 사명을 부여하시며, 마지막으로 예수께서 세상 끝 날까지 제자들과 함께 하시겠다는 약속으로 구성되어 있다. 따라서 예수님의 지상명령이 구약성경에 나오는 선지자의 소명 기사와 그 내용과 형식이 유사하다는 점에서, 본문은 예수께서 제자들을 새 언약의 선지자로 세우시고 임명하시는 사건이라고 할 수 있다. 예수께서는 물이 바다를 덮음 같이 여호와의 지식을 충만하게 하여 이 땅에 참 평화를 이루시고자, 말씀이 육신이 되어 이 땅에 오셨다. 그리고 시작하신 말씀 사역을 이제 제자들에게 맡기고자 하신다. 이 일을 위하여 예수께서는 먼저 제자들을 새 언약의 선지자로 임명하시면서 사명을 부여하신다.

예수께서 주신 명령의 문장 구조를 살펴보면 본동사가 "제자를 삼으라"(μαθητεύσατε)는 것이고, 제자 삼다는 말에 "가다"(πορευθέντες), "세례를 주다"(βαπτίζοντες), "가르치다"(διδάσκοντες)라는 세개의 분사가 본동사를 수식하고 있다. 그리고 "가르치다"의 분사형은 "지키도록"(τηρεῖν)이라는 목적을 나타내는 부정형이 따르고 있다. 따라서 "지키도록 가르치다"라는 말이 된다. 예수님 명령의 핵심은 제자를 삼는 것이다. 제자를 삼기 위해서 가고, 세례를 주고, 지키도록 가르치는 것이다.

첫째는, '가는 것'이다. "모든 족속"이라는 말과 행 1:8의 "땅 끝까지"라는 말씀을 염두에 둔다면 제자들이 가야할 곳은 지역과 인종과 성별과 나이를 초월한 모든 인간이 있는 곳이다. 마가복음의 개역성경의 번역을 보면 본문을 "온 천하에 다니며 만민에게 복음을 전파하여라."(막 16:15)고 번역하고 있는데, 그리스어 원문을 보면 "온 우주에 나가서 모든 피조물에게 복음을 선포하라"(πορευθέντες εἰς τον κόσμον ἅπαντα κηρύξατε τὸ εὐαγγέλιον πάσῃ τῇ κτίσει)라고 되어 있다. "코스모스"(κόσμος)라는 말은 "우주"라는 의미로 더 많이 쓰이는 어휘이고, "크티시스"(κτίσις)라는 말은 "피조물"(creature)이라는 의미이다. 따라서 우주에도 나가고, 사람뿐만 아니라 하나님께서 지은 모든 피조물, 집에서 기르는 애완 동물은 말할 것도 없고, 야생의 망아지나 심지어 식물에게도 나아가 복음을 선포하라는 의미이다. 이는 아담의 범죄로 그의 언약적 연대성 아래서 타락한 모든 만물을 구원하고자 하시는 의지가 담긴 예수님의 복음 선포의 명령이라고 할 수 있다. 복음 전파의 대상은 단순히 만민이 아니고 만물(all creation)이다. 사도 바울은 이 명령을 근거로 피조물도 허무한 데 굴복하지 않고, 썩어짐의 종노릇하는 데서 해방되어 하나님의 자녀의 영광스러운 자유에 이르기를 간절하게 기다리고 있다고 말하는데, 이것은 복음을 전하는 일이 단순한 인간의 구원만을 위한 것이 아니라 인간의 죄로 말미암아 황폐화된 자연의 회복을 위한 것임을 뜻하는 맥락에서 나온 말씀이다(롬 8:19-22).

둘째는 '본격적인 사명으로 가서 그가 명령한 모든 것을 지키도록 가르치며, 이들에게 아버지와 아들과 성령의 이름으로 세례를 주는 것'이다. 한글 성경은 대부분 "내가 분부한 모든 것을 가르쳐 지키게 하라"고 번역하고 있지만 그리스어 원문, "διδάσκοντες αὐτοὺς τηρεῖν πάντα ὅσα ἐνετειλάμην ὑμῖν"은 "내가 명령한 모든 것을 지키도록 그들을 가르치라"고 되어 있다. 원문에서는 가르쳐야 할 대상이 분명하고, 가르쳐야 할 내용, 나아가서 가르쳐야 할 목표를 뚜렷이 제시하고 있다. 여기서 "지키다"는 의미의 "테레인"(τηρεῖν)은 목적을 나타내는 부정사이다. 가르치되 지키기 위하여, 혹은 지키도록 가르치라는 것이다. 이 말씀은 인격적인 훈련을 내포하는 명령이라고 할 수 있으며, 단순한 강의나 지식 전달이 아니라 실천적인 행동을 의미하는 것이라는 점에 유의해야 할 필요가 있다. 예수께서는 그의 제자들을 가르치시고 훈련시키실 때 그들과 함께 하는 생활을 하셨다. 제자를 삼는 일은 함께 살면서, 제자에게 선생의 지식과 정신과 철학, 그리고 삶을 본받게 하여 스승의 삶을 계승하는 자로 만드는 것이다.

세례란 예수님을 믿고 그를 주로 받아들인 자에게 그리스도의 제자가 되었음을 선포하는 예식이다. 우리 믿는 자들은 세례를 받음으로써 주 예수 그리스도의 죽음과 부활에 연합하여 그리스도의 몸을 이루며 그리스도의 몸인 교회의 지체가 되는 것이다. 즉 세례는 그리스도와의 일체성을 시인하고 선언하는 예식이다. 뿐만 아니라 물세례를 받을 때 우리는 성령의 세례를 받는다.[83] 물세례를 받을 때 하나님께서는 우리 믿는 자들에게 성령세례를 주시어 새 언약의 선지자로 인치신다. 따라서 물세례를 받은 자는 성령세례를 받은 것이고 선지자적 사명도 함께 받는 것이며, 이후부터는 복음을 전하고 가르치는 선지자로서의 삶을 살아야 하는 것이다.

셋째는 제자들에게 하신 '세상 끝 날까지 그들과 함께 있으시겠다는 약속'이다. 예수께서는 제자들을 만나서 예수님 자신이 창조주 하나님으로서 제자들을 선지자로 불러 이들에게 말씀을 주시고, 땅 끝까지 보

---

83 오순절주의자들은 일반적으로 성령세례가 개인이 그리스도를 그의 구주로 영접함을 지칭하는 것이라고 말한다. 따라서 그들은 세례를 받는 순간에 중생이 일어나며 그리스도와 연합하여 그의 지체가 된다고 가르친다. 또한 오순절에 성령이 옴으로 새로운 질서가 수립되고 그때부터 성령은 모든 신자들에게 들어와 영원히 거하며 내주하는 관계에 들어간다고 주장한다. John MacArthur, Jr. *Charismatic Chaos* (Grand Rapids: Zondervan, 1992),178. 또한 오순절은 구속사적으로 예수님의 탄생과 부활과 같은 역사의 대전환점을 차지하는 사건 (Epoch-making event)으로 새언약의 시작(Dunn), 심지어 교회의 생일(Bavinck), 곧 교회의 시작이라고 주장한다. 어떤 오순절주의자들은 오순절에 성령이 임할 때 제자들이 방언을 했기 때문에 성령세례는 믿는 자에게 주시는 제2차, 혹은 3차의 축복이며 이같이 방언을 동반하는 성령세례는 신자들의 생애 계속 반복되며, 심지어 이같은 성령세례야 말로 진정으로 구원받은 표지라고 주장한다. 그러나 오순절 성령세례는 중생이나 성화와 같은 성령의 구원 사역을 위한 것이 아니라 제자들을 새 언약의 선지자로 세우는 예식이다. 하나님께서는 물로 세례를 줄 때 이들을 성령으로 인을 쳐서 하나님께서 그의 선지자임을 증거하고 이들에게 신적 권위와 능력을 주시어 제자 삼는 일을 하게 하시는 것이다. 손석태 『성령세례 다시 해석한다』서울: CLC, 2016. 참조

내시며, 그들과 함께 하시겠다는 약속을 주셨다. 즉, 제자들은 구약 성경의 선지자들과 마찬가지로 '여호와의 입', '그리스도의 입'이었다.

그런데 여기서 "내가 세상 끝 날까지 항상 너희와 함께 있을 것이다."라는 것이 제자들에게만 주시는 말씀이라면 구태여 "세상 끝 날까지"라는 말씀을 하실 필요가 없을 것이다. 제자들이 세상 끝 날까지 살지 못할 것이기 때문이다. 그렇기 때문에 이 명령은 당대의 제자들뿐만 아니라 세상 끝 날까지 있는 모든 제자들에게 하신 말씀으로 받아들여야 한다. 이 명령은 바로 오늘날 우리에게 주시는 말씀이다.

부활하신 예수께서는 제자들을 만나 예루살렘을 떠나지 말고 "내게 들은 바 아버지의 약속을 기다리라. 요한은 물로 세례를 주었지만, 너희는 여러 날이 지나지 않아 성령으로 세례를 받을 것이다."(행 1:4-5)고 말씀하셨다. 예수께서는 세례자 요한으로부터 받은 물 세례와 달리 성령 세례를 받을 준비를 시키셨다. 그러나 제자들이 부활하신 예수님께 기대하는 바는 이스라엘 나라의 회복이었다. 때문에 예수께서는 다음과 같이 말씀하셨다.

"아버지께서 자신의 권한에 두신 때와 시기는 너희의 알 바가 아니다. 그러나 성령이 너희에게 임하시면, 너희가 능력을 받고 예루살렘과 온 유대와 사마리아와 땅 끝까지 이르러 내 증인이 될 것이다." (행 1:7-8)

위 본문은 이스라엘의 회복에 대한 일은 아버지 하나님의 권한이기 때문에 관심을 갖지 말고 성령을 받고 땅 끝까지 이르러 예수님의 증인이 되라는 말씀이다. 여기서 '증인'이라는 말은 구약성경에 예언되고 약속된 메시아가 바로 예수님이라는 것을 증거하는 사람이라는 뜻이다. 제자들은 예수님의 말씀과 생애와 고난과 죽음, 그리고 부활이 예수께서 성경에 약속된 그리스도이심을 증명하는 사건임을 알았으며, 제자들은 예수님을 보고, 듣고, 만지고, 함께 동행하며 사는 가운데 이 사실을 확신하였다. 이제 그들은 이 사실을 세상 사람들에게 밝혀야 했다. 그런 의미에서 제자들은 증인이다. 이 명령을 받은 제자들이 모두 한 곳에 모여 있을 때 성령이 임했고(행 2:1-4), 이를 통해 선지자로서의 사명과 이를 실행하는 데 필요한 권위와 능력을 받았다. 그렇다면 예수님의 제자들은 어떻게 말씀을 전하고 가르치는 사명을 감당했는가? 사도행전 1:8에는 예루살렘과 유다와 사마리아와 땅 끝까지라는 지명이 순서대로 명시되어 있다. 사도행전은 예루살렘으로부터 시작하여 유다와 사마리아를 거쳐서 당시의 땅 끝이라고 생각되었던 로마까지 말씀이 전해진 과정들을 기록하고 있다. 우리는 여기서 대표적인 몇 교회를 통해서 말씀이 어떻게 전파되었는지 살펴볼 것이다.

2. 예루살렘 교회

예루살렘 교회는 오순절에 성령 세례를 받은 제자들이 새 언약의 선지자로 위임을 받아, 자기들이 선지자 직임을 변증하는 연설을 받아들이고 제자들에게 물었다. "형제들이여 우리가 무엇을 해야 합니까?"(행 2:37). 이 질문은 세례자 요한이 이스라엘의 무리들에게 회개하라는 메시지를 전했을 때, 그 반응으로 물었던 질문과 같다 (눅 3:10). 따라서 이는 예루살렘 교회가 제자들을 세례자 요한과 같은 하나님의 선지자로 인정했다는 것을 반증하는 것이다. 베드로는 이들을 향하여 "회개하라. 그리고 너희의 죄를 용서받기 위하여 예수 그리스도의 이름으로 각각 세례를 받아라. 그러면 너희가 성령의 선물을 받을 것이다."(행 2:38)라고 대답한다. 여기서 베드로는 무리들에게 "성령세례"를 받을 것이라고 말하지 않고, "성령의 선물"(δωρεὰν τοῦ ἁγίου πνεύματος)을 받을 것이라고 말한다. 따라서 베드로는 그들이 받은 성령세례와 그들이 세례를 베풀어 무리들이 받게 될 성령의 선물을 구분하고 있는 것을 볼 수 있다. 여기서 성령의 선물은 분명 무리들에게 선지자로서의 직분을 위임하는 것이 아니고, 믿는 자들에게 주시는 구원을 의미하는 말이다. 베드로가 이어서 여러 가지 다른 말들로 확증하고 그들을 권면하여 말하기를 "너희가 이 사악한 세대에서 구원을 받아라"(행 2:40)라고 말하는 것을 보면 그것을 분명히 알 수 있다. 사도들과 제자들은 오순절에 성령세례를 받고 말씀을 전함으로써 하나님의 선지자로 인정받았는데 이때에 베드로의 설교를 듣고, 세례를 받은 자들은 주로 예루살렘의 평민들이거나 외국에서 명절에 예배하려고 온 사람들이었다. 그 중에서 베드로의 말을 받아들인 자들은 그날로 세례를 받았는데 그 숫자가 무려 삼천 명이었다. 그러나 이들이 온전히 하나님의 선지자로 인정받기 위해서는 종교지도자들이나 사회 각계 각층의 지도자들의 인정을 받는 것이 필요했다. 사도행전 3-4장의 베드로가 날 때부터 앉은뱅이였던 사람을 성전 "아름다운 문" 앞에서 고쳐준 사건은 예루살렘의 종교지도자들과 정치지도자들과 사회 각계의 지도자들에게 관심과 주의를 끌게 한 사건이었다. 그들은 제자들이 무슨 능력과 누구의 이름으로 앉은뱅이를 고쳤는가, 다시 말하면 앉은뱅이를 고치게 한 능력과 권위의 근원에 대한 질문과 심문을 했다(행 4:7). 그들은 제자들을 감옥에 가두기도 하고 협박도 하였지만 제자들이 나사렛 예수의 이름으로 이 일을 한다는 것을 분명히 밝히자, 제자들을 본래 배우지 못한 무식한 자들로 알았던 사회지도자들은 놀라며 제자들의 말에 반박할 수가 없었다. 그래서 말하기를 "우리가 이 사람들을 어떻게 해야 할까? 그들이 행한 대단한 표적이 예루살렘에 사는 모든 이들에게 잘 알려졌고 우리도 그것을 부인할 수 없기 때문이다."라고 인정하게 된다(행 4:16). 이들은 더 이상 예수의 이름으로 말하지 말 것을 명하며 결국 제자들을 풀어주었다. 결국 제자들이 앉은뱅이를 고친 사건은 그들이 이스라엘의 지도자들로부터 분명한 하나님의 선지자임을 확증 받는 사건이 되었다. 말씀과 이적을 통하여 제자들은 새언약의 선지자로 이제 당당하게 하나님의 말씀을 선포하게 된 것이다.

사도행전 2:42-47은 예루살렘 교회의 상황을 간단하게 요약하고 있다. 그들은 가진 것을 함께 나누어 쓰고, 함께 성전이나 집에 모이기를 힘쓰고, 함께 빵을 떼며 함께 음식을 먹고, 함께 하나님을 찬양하였다. 특히 42절은 "그들이 사도들의 가르침을 받는 일과 교제하는 일과 빵을 떼는 것과 기도에 전념하였다."고 기록하고 있다. 이 말씀은 사도들의 교육, 성도들의 교제, 함께 나누는 식사, 그리고 기도 등이 예루살렘 교회의 핵심적인 활동이었음을 보여준다.

우리는 여기서 사도의 가르침을 받는 일이 가장 중요하고 첫째 되는 일이었음을 알 수 있다. 사도들의 중심적인 활동은 예수께서 명하신 대로 성경을 가르치는 일이었다. 예루살렘 교회에는 우수한 성경 교사들이 많았다. 베드로의 오순절 설교(2장)나 솔로몬 행각에서 행한 설교(3장)를 살펴보면 베드로는 신구약 성경에 능통한 사람이었으며, 예루살렘 교회의 초대 일곱 집사 중의 한 사람으로 뽑혔던 스데반은 탁월한 성경 신학자요 성경해석자임을 알 수 있다(행 7장). 따라서 예루살렘 교회는 말씀을 가르치고, 말씀을 중심으로 이루어진 교회라고 할 수 있다. 사도들이 말씀을 얼마나 중요시했는가 하는 점은 사도들이 집사를 뽑으며 하는 말 가운데 명백히 나타난다.

"열두 사도가 제자들의 무리를 불러놓고 말하기를 '우리가 하나님의 말씀을 제쳐놓고 음식 봉사를 하는 것은 옳지 않다. 그러므로 형제들아, 너희 가운데 성령과 지혜가 충만하고 인정받는 사람 일곱 명을 택하라. 우리가 이 일을 그들에게 맡기고 우리는 기도와 말씀 전하는 일에 전념

하겠다.' 라고 하였다."(행 6:2-4)

사도들은 말씀 전하는 일을 그들의 본분으로 인식하고, 말씀을 전하는 일보다 음식을 제공하는 일에 봉사하는 것이 사도로서 마땅치 않다고 생각했다. 그래서 그들은 기도와 말씀 전하는 일에 전념하기 위해서 이 일을 담당할 집사를 세우려고 한 것이다. 예루살렘 교회는 말씀을 가르치는 교회였다. 사도들은 성전에서 가르친다는 이유로 매를 맞고 감옥에 갇힐지라도 오히려 그것을 기뻐하고, "날마다 성전과 각 집에서 가르치고 그리스도 예수의 복음 전하는 것을 쉬지 않았다."(행 5:42)고 했다. 그래서 사도행전 저자는 제자들의 예루살렘 사역을 매듭지으며 이렇게 적고 있다.

"하나님의 말씀이 계속 퍼져 나가서 예루살렘에 있는 제자들의 수가 크게 늘어났으며, 많은 제사장의 무리도 이 믿음에 순종하였다."(행 6:7)

"하나님의 말씀이 계속 퍼져 나가서 …"(Καί ὁ λόγος τοῦ θεοῦ ηὔξανεν καὶ ἐπληθύνετο …)에서 헬라어 "아욱사노"(αὐξάνω)라는 말은 "자라다"(to grow), 혹은 "증가하다"(to increase)는 의미이다. 또한 "프레두노"(πληθύνω)라는 말은 "늘리다," "증가시키다"(multiply)라는 뜻이다. 따라서 이 구절은 하나님의 말씀에 생명력이 있어서 그 세력이 확장되어감을 의미한다.[84] 성령이 능력있게 역사했던 예루살렘 교회는

---

84 개역성경에는 "하나님의 말씀이 점점 왕성하여 …"라고 번역하고 있는데 의미상으로 원문과 잘 일치하는 것 같지 않다. 그러나 "말씀이 자란다"는 표현은 특이하게 학자들의 관심을 끄는데 아마도 이는 씨 뿌리는 자의 비유를 염두에 둔 표현 같다. J. Kodell, "The Word of God Grew-The Ecclesial Tendency of Logos in Acts 6:7; 12:24; 19:20", *Bib* 55 (1974): 505-519. quoted in the John B. Polhill, *The New American Commentary*.

구체적으로 그들이 믿는 말씀에 복종하는 교회였다. 그렇기 때문에 성령과 말씀이 함께 일해서 교회를 성장시킨 것이다.

3. 사마리아 교회

여기서 말하는 사마리아 교회는 사마리아 성읍의 지역 교회는 물론 유대인이 아닌 이방인들, 곧 마술사 시몬과 에티오피아의 간다게의 내시와 로마 백부장 고넬료 가족들에 대한 말씀 사역을 포괄적으로 언급하는 말이다. 사울의 교회에 대한 핍박은 말씀이 예루살렘을 넘어 유다와 사마리아 지역으로, 그리고 유대인을 넘어 이방으로 전파되는 계기가 되었다.[85]

1) 사마리아 사람

사마리아 교회는 사울의 핍박을 피하여 흩어진 사람들이 두루 다니며 말씀을 전함으로 시작되었다. 사울은 유대인들을 선동하여 스데반을 죽이고, 교회를 파괴하며, 집집마다 들어가 남자들과 여자들을 끌어내어 감옥에 넘겼다. 그리하여 사도들 외에는 모두 유대와 사마리아의 마을들로 흩어지게 되었다. 그런데 예수님과 교회에 대한 적대감과 핍박이 확장되어 갈수록 복음도 그와 비례하여 그 세력이 확장되어 갔다. 예수께서는 예루살렘과 유대와 사마리아와 땅 끝까지 가서 증인이 되라고 말씀하셨는데 이제 예루살렘에 이어 제 2단계로 유대와 사마리아에 복음이 전파되게 된 것이다. 이처럼, 제자들이 전혀 기대하지 못했던 때에,

---

85 유대인 디아스포라는 "διασπείρω"라는 말로부터 시작되었는데, 처음에는 사울의 핍박으로 기독교인 디아스포라가 시작되어 유대인 디아스포라로 퍼져나갔다. G. H. Giblin, "A Prophetic Vision of History and Things (Acts 6:8-8:3)" *TBT* 63(1972) 994-1001.

생각지도 못한 방법으로 하나님께서는 유대와 사마리아에 복음이 전파되게 하셨다. 사마리아에서는 빌립과 베드로의 활동에 주목해 볼만 하다. 빌립은 아마도 그리스 계통의 유대인이었을 것이다. 다른 집사들과 같이 그는 지혜와 성령이 충만하고 사람들로부터 인정받는 사람이었다. 그가 집사로 뽑힌 것을 보면 열두 사도 중의 한 사람이 아닌 것은 분명하다. 그는 사울의 핍박을 피하여 사마리아로 내려가서 사람들에게 그리스도를 선포하였다(행 8:5). 무리들은 빌립이 하는 말에 각색 병자들이 고침을 받고 더러운 영이 떠나는 것을 보고, 그리스도에 관심을 갖고 믿게 되었다. 이로 인해 성 안에는 큰 기쁨이 있었고, 심지어 사마리아 성에서 능력 있는 마술을 행하여 자칭 큰 자라고 하던 시몬이라는 마술사도 빌립이 하나님 나라와 예수 그리스도의 이름에 관하여 하는 말을 듣고, 믿고 세례를 받았다. 이후, 예루살렘의 사도들은 사마리아도 하나님의 말씀을 받아들였다는 소식에 베드로와 요한을 파송하여 사마리아의 복음 사역을 살피도록 하였고, 사마리아에 온 베드로와 요한은 이들에게 안수하여 성령을 받게 하였다. "이는 그들 중 누구에게도 아직 성령께서 임하신 일이 없고, 오직 주 예수님의 이름으로 세례만 받았기 때문이다. 그때에 사도들이 그들 위에 안수하니 그들이 성령을 받았다."(행 8:16-17). 사마리아 사람들은 빌립의 말씀을 받고, 세례를 받은 사람들이다. 따라서 이들은 오순절의 예루살렘 삼천여 명의 무리와 마찬가지로 이미 구원을 위한 "성령의 선물"을 받은 사람들이다. 그럼에도 불구하고 베드로는 이들에게 안수하고 이들은 다시 성령을 받았다. 그런데 이들이 성령을 받을 때는 오순절 때와 같이 다른 언어로 말을 했다거나 눈으로 볼 수 있던 어떤 특별한 현상이 일어났다는 언급이 없다. 다만 그들이 성령을 받았다는 것을 알 수는 있었을 것이라 생각된다. 따라서 이들에게 임한 성령은 분명 이들의 중생을 위한 목적이나 그리스도인으로서의 정체성을 확인하는 의미로 주어진 것이 아니고, 오순절의 성령세례가 제자들이 하나님의 선지자임을 증거했듯이, 베드로와 요한이 하나님께서 세우신 선지자임을 사마리아 사람들에게 증거 할뿐만 아니라 빌립의 복음 사역을 지원하는 의미에서 받은 것이라고 할 수 있다. 빌립의 출현으로 사마리아의 "큰 자"라는 지위를 잃고 빌립을 따라 다니던 마술사 시몬이 성령의 권능을 돈으로 사려고 하는 야심을 드러내는 것을 보면 앞으로 사마리아에는 빌립과 시몬 사이에 "큰 자"의 자리를 두고 다툼이 벌어질 것이라고 예상된다. 그러나 베드로가 안수하여 성령이 임하게 함으로써 빌립의 복음 사역이 하나님께서 하시는 일임을 보증하고, 시몬의 야심을 제압하면서 교회 내의 질서가 바로 세워질 수 있었다.[86] 베드로와 요한은 이 일 이후 예루살렘으로 돌아가는 길에 사마리아의 여러 마을에서 복음을 전하였다.

2) 에티오피아 여왕 간다게의 내시

빌립은 천사의 인도로 가사의 광야로 나가서 에티오피아의 여왕 간다게의 내시를 만나게 된다. 그는 간다게의 모든 국고를 맡은 큰 권세가 있는 사람이었는데, 예루살렘에 경배하러 왔다가 돌아가면서 마차에 앉아 선지자 이사야의 글을 읽고 있었지만 그 뜻을 이해하지 못했다. 이 내시는 마침 빌립을 만나게 된 것이다. 이에 빌립은 그에게 성경을 가르치고, 해석해주고, 세례를 베푼다(행 8:26-40). 35절에 보면 "빌립이 입을 열어 이 성경에서부터 시작하여 그에게 예수님에 관한 복음을 전하였다."고 했다. 빌립은 이사야 선지서부터 시작하여 신약성경, 복음서와 사도

---

[86] 사마리아 사람들이 빌립에게 세례를 받고도 다시 베드로의 안수를 통하여 성령을 받은 일은 분명 오순절의 성령 세례나 고넬료 집과 에베소의 제자들 가운데 성령이 임했던 사건과는 그 의미가 다르다. 손석태 『성령세례 다시 해석한다』서울: CLC, 2016. 참조

행전에 이르기까지 예수 그리스도에 대해서 가르쳤다. 여기서 주목되는 점은 빌립이 광야의 마차 속에서도 성경을 가르치고, 해석해주고, 세례를 주었다는 점이다. 에티오피아 내시는 유다 지역에서 멀리 떨어진 에티오피아 사람이었는데도 불구하고 히브리어를 알고 있었으며, 마차안에서도 성경을 읽고 있었고, 성경에 언급된 인물에 대해 핵심적인 질문을 한 것을 보면, 그는 성경에 대하여 매우 진지한 지적 호기심을 가진 인물이었음을 알 수 있다. 빌립이 그의 의문점을 해소시킬 수 있을 만큼 충분한 답변을 해주었을 때, 그는 자진하여 세례를 청하였다. 이번에도 그가 세례를 받을 때 그가 방언을 했다거나 그에게 특별한 일이 일어나지는 않았다. 그러나 그가 세례를 받고 물에서 올라 왔을 때 그는 빌립을 볼 수 없었다. 아마도 빌립이 갑자기 사라진 사건은 그가 빌립과 공부하며 알게 된 책 속의 내용에 대한 진실성을 더욱 확인할 수 있는 증거가 되었을 것이고, 그는 기뻐하며 자신의 길을 갔을 것이다. 이 이야기는 이방인이 성경을 공부하며 예수그리스도를 믿고 세례를 받은 예를 보여준다. 예수께서는 제자들에게 그가 명한 것을 가르치라는 사명을 주셨는데, 빌립은 그 명령을 성실하게 수행한 것이다. 성경을 가르쳐야 사람들은 예수를 믿는다. 개인의 주관적인 체험에 대한 간증이나 이적적인 사건만으로 예수님을 그리스도로 믿게 할 수는 없으며, 더욱이 에티오피아 내시와 같은 지성인들은 더욱 그렇다. 성경을 가르치는 것이 가장 바른 전도와 선교의 길이다.

3) 로마 백부장 고넬료와 그 가족들

베드로는 욥바에서 주님의 환상을 보고, 음성을 들은 후 로마의 백부장 고넬료의 집에 가서 말씀을 전한다. 베드로는 그가 고넬료의 집에 오게 된 경위를 설명하고, 예수님께서 행하신 선한 일과 십자가의 고난과 죽음과 부활을 알려주었으며, 그리스도의 심판의 주되심과 그분의 이름을 믿음으로 말미암은 죄사함을 말하였다. 베드로가 이 말씀을 전하고 있을 때에 "성령께서 그 말을 듣는 모든 이들에게 임하였다."(행 10:44). 이때 고넬료와 그 가족들에게도 성령이 임하여 그들이 방언을 하며 하나님을 찬양하게 된다. 이 사건은 베드로와 함께 왔던 할례받은 신자들, 곧 유대인들을 놀라게 했다. 고넬료의 가족들은 자기들이 방언을 함에 따라 베드로라는 사람이 하나님께서 보내신 "하나님의 종" 혹은 "하나님의 사람"이라는 확신을 갖게 된 것은 말할 것도 없다. 그런데 베드로 자신도 이 사건을 통하여 자신의 신분에 대한 새로운 확신을 갖게 된다. 그가 이 사건 후 예루살렘에 돌아와 동료 제자들에게 보고하는 말은 이렇다.

"내가 말하기를 시작할 때에 성령께서 처음 우리에게 내리셨던 것처럼 그들에게 내려오셨다. 그때 나는 '요한은 물로 세례를 주었으나 너희는 성령으로 세례를 받을 것이다.'라고 하신 예수님의 말씀이 생각났다. 하나님께서 우리가 주 예수 그리스도를 믿을 때에 우리에게 주신 것처럼 그들에게도 동일한 선물을 주셨는데 내가 누구라고 감히 하나님을 거역할 수 있었겠느냐?"(행 11:15-17)

베드로는 성령이 이들에게 임하시는 것을 보고 예수께서 자기들에게 주신 성령세례에 대한 약속의 말씀이 생각났다고 말한다. 바로 오순절의 성령세례를 통한 새 언약의 선지자로서 위임식에 대한 말씀이 생각난 것이다. 베드로는 이 순간 자기가 예수님의 대사명의 말씀대로 이들에게 세례를 주어야 할 선지자라는 것을 깨달았다. 그래서 그는 같이 온 사람들에게 "우리와 마찬가지로 성령을 받은 이 사람들에게 물로 세례를 주는 것을 누가 금지할 수 있겠느냐?"(행 19:47)고 묻고 예수 그리스도의

이름으로 세례를 베푼 것이다.[87]

여기 본문에서 사도행전의 저자 누가는 "베드로와 함께 왔던 할례 받은 신자들이 이방인들에게도 성령의 선물이 부어진 것 때문에 놀랐다"(행 10:45)고 말한다. 고넬료의 가족들은 "성령의 세례"(The Baptism of the Holy Spirit)를 받았다고 말하지 않고, "성령의 선물"(The Gift of the Holy Spirit, ἡ δωρεὰ τοῦ ἁγίου πνενματος) 이 부어졌다고 말한다. 따라서 고넬료의 집에서 있었던 복음 사역은 고넬료 가정에 대한 중생과 구원과 세례에 대한 이야기이다. 이 사건은 물론 로마사람들에게 복음의 문이 열린 첫번째 예라는 점에서 구속사의 의미가 있을 것이다. 그러나 이미 이전에 에티오피아 내시, 간다게에게 복음이 전파된 상황이기 때문에 이들을 통하여 "이방인을 위한 복음의 문"이 열렸다고 말하기 어렵다. 여기서 중요한 점은 고넬료 가족들도 그들이 믿고 세례 받기 전에 베드로를 통하여 상당히 긴 하나님의 구속사 강의를 들었으며, 베드로가 말씀을 전할 때 성령이 이들에게 임했다는 점이다. 말씀이 전파되는 곳에 성령이 임하신 것이다.

그래서 고넬료 집의 복음 사역에 대하여 성경은 "유대에 있는 사도들과 형제들이 이방인들도 하나님의 말씀을 받아들였다는 소식을 들었다."('Ηκουσαν δὲ οἱ ἀπόστολοι καὶ οἱ ἀδελφοὶ οἱ ὄντες κατά την Ἰουδαίαν ὅτι καὶ τὰ ἔθνη ἐδέξαντο τὸν λόγον τοῦ θεοῦ, 행 11:1)고 적고 있다. 이 말씀은 물론 10장 후반부의 베드로가 고넬료 집에서 말씀을 전한 사건을 언급한 것이겠지만 여기서 "이방인들"이라는 말을 쓸 때는 사마리아의 시몬이나 에티오피아 간다게의 내시도 포함해서 이르는 말이라고 할 수 있다.[88] 이들에게는 다 같이 성령이 임했고, 또한 다 같이

---

87 손석태 『성령세례 다시 해석한다』(서울: CLC, 2016), 87-95.

88 에티오피아 사람과 로마 사람 고넬료 가족들에게 복음이 전해지고 세례 받고 성령이 임하는 사건에는 서로 유사성이 있다. 에티오피아 사람은 세례를 받자 성령이 임하지

세례를 받았다. 그러나 중요한 것은 이들에게 성령이 임하기 전에 먼저 말씀이 전해지고, 설명되고, 해석되었다는 것이다. 이방인들에게 구원의 문이 열린 것은 무엇보다 사도들이나 사도들이 파송한 사람들로부터 먼저 말씀이 전해지고, 가르쳐졌다는 것이다. 사도행전의 저자 누가는 사마리아의 사역을 마치면서 이것이 말씀의 역사임을 상기시키며, "그러나 하나님의 말씀이 계속 퍼져 나가서 믿는 자가 크게 늘어났다."('O δὲ λογός τοῦ θεοῦ ηὔξανεν καὶ ἐπληθύνετο, 행 12:24)라고 기술하고 있다. 따라서 누가는 예루살렘 교회의 요약 설명과 마찬가지로 사마리아 교회의 요약 설명도 똑같은 문장 형식(행 6:7)을 사용하여 이것이 말씀의 역사였다고 기록함으로써, 말씀을 가르치는 사도들의 활동을 강조하고 있다. 이것은 말할 것도 없이 성령과 함께 한 역사이다. 그러나 누가는 성령을 말씀 위에 놓는다거나 성령의 역할을 특별히 강조하고 있지 않다. 사마리아의 복음 사역은 사도들과 사도들이 파송한 전도자들이 협력하여 성경을 가르치는 가운데 이루어진 일이다. 이것은 초대교회의 이방인을 위한 사역이 철저하게 말씀을 중심으로 한 것이었음을 증언하는 것이다.

4. 안디옥 교회

안디옥 교회는 스데반의 순교와 예루살렘 교회에 가해진 박해 때문에 흩어진 자들이 페니키아와 키프로스에 와서 유대인들에게만 말씀을 전했는데, 키프로스와 구레네 사람들이 안디옥에 와서 헬라인들에게도 복음을 전함으로 시작되었다. 주님의 손이 이들과 함께 하여 수많은 사

만 로마 사람 고넬료 가족의 경우는 성령을 받고 세례를 받는다. 그러나 다같이 "… 있으니 이 사람들에게 물로 세례를 주는 것을 누가 금지할 수 있느냐?" (행 8:36; 10:47)고 말한다. 저자는 이 두 사건을 성격상 동일하게 간주하여 같은 어휘를 사용하고 있다. J. B. Polhill, *Acts*. New American Commentary, 10:44.

람들이 믿고 주께로 돌아왔다. 이 소식을 전해들은 예루살렘 교회에서는 키프로스 출신의 요셉이라는 사람을 보내어 그 형편을 알아보도록 했다. 일찍이 사도들은 요셉을 "위로의 아들"이라는 뜻으로 "바나바"라고 불렀는데 이는 아마도 그의 능력 있는 설교와 가르침 뿐만 아니라 동정심이 많고, 사람을 세우고 돌보는데 특별한 은사가 있었기 때문이었던 듯 하다(행 4:35-37). 바나바는 일찍이 변화된 사울이 복음을 전하던 중 생명의 위협을 느낄 때 그를 보호하며 사도들에게 소개하고, 그를 가이사랴에 피신시킨 후 고향 다소로 보낸 사람이다(행 9:23-29).

안디옥에 온 바나바는 하나님의 놀라운 역사를 눈으로 확인했다. 그리하여 몸소 이들을 가르치고 권면하는 가운데 그는 안디옥 성도들의 신임을 받았고 교회는 더욱 부흥하였다(행 11:24). 바나바는 이 교회에 성경 선생의 필요성을 절실하게 느꼈다. 그리하여 그는 고향 다소에 내려가서 머물고 있는 사울을 데려왔다. 사울의 핍박을 피하여 도망 온 사람들에게 사울을 다시 그들의 성경 선생으로 데려온 바나바의 용기와 지혜는 말할 것도 없고, 사울을 그들의 선생으로 받아들인 안디옥 성도들의 사랑과 포용심도 놀라운 일이다. 진정한 그리스도의 용서와 화해와 연합의 역사가 이곳에서 일어난 것이다.

바나바는 사울을 데려와 일 년 동안 많은 무리들을 가르쳤다. 그러자 안디옥에서 예수님의 제자들이 처음으로 그리스도인, 곧 크리스천이라는 이름을 얻게 되었다. 그리고 기근이 들어 어려움을 겪는 유다의 성도들을 위하여 각자의 능력에 따라 구제금을 거두어 보냈다. 그들은 선교사를 파송하기 전에 먼저 구제 사업을 한 셈이다.

사도행전 13장은 안디옥 교회의 상황을 기록하며 "안디옥 교회에 선지자들과 교사들이 있었는데 그들은 곧 바나바와 니게르라고 불리는 시므온과 구레네 사람 루기오와 분봉왕 헤롯과 함께 양육되었던 마나엔과 사울이었다."라고 시작하고 있다. 여기서 "선지자와 교사"라고 했는데 "선지자"라는 말은 꼭 미래에 일어날 일을 미리 알려주고 말하는 자를 의미하는 것만은 아니다. 구약성경에서 선지자란 "하나님의 대변인"(Spokesman of God)을 지칭하는 말이다. 그래서 성경에서는 선지자를 "하나님의 입"(פי יהוה)이라고 한다. 혹은 선지자를 가리켜 "하나님의 사람"(איש יהוה)이라고도 한다. 하나님의 대변인은 항상 미래에 일어날 일만을 대변하지 않는다. 현재의 일도 혹은 과거의 일도 말한다. 따라서 "프로페테스"(προφήτης)를 "예언자"라고 말하는 것은 그 의미를 축소 제한하는 말이다. 나이다는 "하나님을 위하여 영감된 말을 선포하는 자"(one who proclaims inspired utterance on behalf of God)라고 정의하고 있다.[89] "디다스카로스"(διδάσκαλος, 교사)는 문자 그대로 가르치는 사람이다. "선지자"도 기본적으로는 말씀을 전하고 가르치는 자를 일컫는 말이지만 그들의 가르침에 담긴 영감이나 영감의 차원을 더 강조하는 단어이다.[90] 따라서 "선지자와 교사"라는 말은 다 같이 교회에서 성경을 가르치고 회중을 이끌어가는 지도자들을 일컫는 말이다.

안디옥 교회에는 선지자와 교사가 다섯 명 있었는데 그 중에 바나바와 사울 이외에, 아마도 흑인이었을 가능성이 많은 시므온, 구레네 사람 루기오, 그리고 분봉왕 헤롯과 함께 양육되었던 마나엔 등이 있었다. 성경은 이들의 구체적인 활동을 언급하고 있지 않지만 이들이 교사와 선지자라는 지칭 자체가 안디옥 교회에서의 이들의 많은 활동을 시사한다. 저자 누가가 볼 때에는 성경을 가르치는 안디옥 교회야 말로 예수님의 마지막 분부를 가장 성실하게 실행하는 교회로 생각하고 있는 것 같다. 특히 그가 성경 교사들의 이름을 열거하는 것을 보면 구약성경에서 여호사밧 왕이나 에스라 시대의 성경 교사들의 이름이 성경에 기록된 것

89 Johanes P. Louw & Eugene A. Nida, *Greek-English Lexicon of the New Testament Based on Semantic Domains.* New York: United Bible Society, 1988.

90 John B. Polhill, *Acts.* The New American Commentary. Vol. 26. Nashville: Broadman & Holman Publisher, 1995.

을 상기시킨다(대하 17:7-8; 느 8:7-9). 바로 하나님의 구원 역사에 있어서 성경 교사의 중요성을 강조하는 것이다.

이는 안디옥 교회에서는 흉년이 든 예루살렘에 구제헌금을 보냈다. 그리고 기독교 역사상 처음으로 이방 교회인 안디옥에서 선교사를 파송한다. 안디옥 교회에서는 그들 교회에서 가장 귀한 성경 교사, 바울과 바나바를 선교사로 파송하고 계속하여 이들을 지원함으로 세계선교의 발전소 역할을 한다. 안디옥 교회의 질적 성장, 구제사업, 그리고 세계 선교는 바로 성경공부를 통하여 이루어진 역사이다.

5. 에베소 교회

에베소 교회는 바울의 3차 전도 여행의 목적지였다. 그는 에베소에 들어가기 전에 겐그레아에서 서원한 것이 있어서 머리를 깎았다. 원래 머리를 깎는 일은 구약 성경에서 나실인들이 하나님 앞에서 나실인이 되겠다고 서원할 때 하는 일이었다(민 6:1-21). 그러나 본문에서 바울이 왜 머리를 깎았는지, 그 이유에 대한 언급이 없다. 하지만 몇몇 학자들은 바울이 고린도에서의 사역에 대하여 하나님께 감사하고, 앞으로의 지속적인 후원을 간구하는 마음에서 머리를 깎았다고 주장하기도 한다.[91]

그런데 그가 2차 전도여행을 마무리하며, 3차 전도 지역을 물색하고 있었다는 것을 고려해 본다면 아마도 에베소를 답사하면서 이미 3차 전도 지역을 에베소로 정하고, 이와 관련된 특별한 서원을 했었으리라고 생각된다. 에베소는 소아시아 서쪽(지금의 터키)에 있는 성읍으로 로마가 아시아 지역에서 가장 중요하게 생각하는 항구 도시였다. 에베소는 아시아 지역에서 가장 큰 상업도시이기도 했지만 로마 사람들이 "다이아나"(Diana)라고 부르는 아데미(Artemis) 여신의 수호성(guardian)

---

91 John B. Polhill, *Acts*. The New American Commentary. 18:19.

으로 알려진 곳이다.[92] 아마도 바울은 로마 선교를 위한 전략적 전초 기지로 이곳을 택하지 않았나 생각된다. 왜냐하면 에베소에서 회당장 스게와의 아들들이 악령에 사로잡힌 자를 희롱하다가 오히려 그에게 봉변을 당한 후 알몸으로 도망간 일이 있었는데, 에베소 사람들이 이 소식을 듣고 회개하고 은전 오만 개 값어치의 마술책을 불사르는 사건이 있었기 때문이다. 이 사건 직후에 바울은 "내가 거기(예루살렘)에 간 후에 로마도 보아야 하겠다."(행 19:21)고 말하는데, 이러한 사실에 비추어 보면 바울이 에베소를 그의 3차 전도 여행의 중심지로 삼은 것은 궁극적으로 로마를 염두에 둔 계획이었다고 말할 수 있을 것이다.

에베소에 온 바울은 일종의 답사 여행이었기 때문에 오래 머무를 생각은 아니었다. 그래서 일행은 남겨두고 혼자서 잠시 회당에 들러 유대인들에게 얼굴만 비추고 "변론했다"고 했다(행 18:19). 여기서 변론이라는 말은 헬라어 "디아레고마이"(διαλέγομαι)를 번역한 것인데 이는 "설명하다," "대화하다" 경우에 따라서는 "논쟁하다"(reason) 등의 의미이다. 이것은 얼굴을 익히는 정도의 가벼운 인사 소개 정도의 만남이라고 할 수 있다. 그러나 에베소 회당 사람들은 바울에게 더 머무를 것을 요청한다. 여기서 바울은 복음에 대한 반응을 충분히 감지했을 것이다.

바울은 그의 계획대로 예루살렘을 거쳐서 그의 모교회인 안디옥에 와서 얼마동안 머무른 후 다시 그의 전도 여행을 시작한다. 그의 목적지는 에베소였다. 그는 에베소에 가는 동안 여러 곳에 있는 그의 제자들을 격려하고 세워주는 일을 잊지 않았다. 그렇게 바울은 에베소에 무사히 도착하여 야심적으로 복음 전하는 활동을 시작했다.

그는 먼저 아볼로, 아굴라, 브리스길라 등이 기른 제자들을 불러 이

---

92 아데미는 달, 야생동물, 그리고 사냥의 여신이었다. 에베소의 아데미 여신은 로마 사람들이 "다이아나"라고 부르고 특히 번식을 관장하는 신으로 알려졌으며, 그의 신상은 많은 유방을 가진 것으로 묘사되고 있다. D. H. Wheaton, "Diana" *The New Bible Dictionary* (London: Inter-vasity Press, 1968), 313.

야기하면서 이들이 요한의 세례만 받았다는 사실을 알게 되어 이들에게 안수하였다. 그러자 그들은 성령을 받아 방언하며 예언도 하였다 (행 19:6). 이들은 그들의 선생인 아볼로, 아굴라, 브리스길라의 가르침을 받아 이미 예수를 믿고, 세례도 받은 사람들이었는데, 다만 믿을 때에 성령이라는 것이 있는지도 모르는 사람들이었다. 그러나 바울이 "너희가 믿을 때에 성령을 받았느냐?"고 물을 때, "믿을 때에"라는 말을 하는 것을 보면 이들이 믿는 자, 곧 신자인 것은 틀림없다. 성령의 역사가 없이 예수님을 믿을 사람은 없을 것이다(고전 12:3). 여기서 한가지 살펴볼 것은 아굴라와 브리스길라가 에베소에 오기 전에 고린도에서 바울과 함께 천막 만드는 일을 하는 동업자로서, 바울의 강론을 듣고 함께 그리스도인으로서 교제를 나눈 사람이었다는 점이다(행 18:1-3). 이들 부부는 교리에도 밝아서 아볼로가 가르치는 중에 정확하지 못한 부분에 대해서는 조심스럽게 불러 그것을 교정해주기도 했다(행 18:26-27). 그런데 왜 이 제자들이 성령에 대해서 몰랐을까 하는 의문에 대한 대답은 쉽지 않다. 아마도 성령은 우리가 알지 못하는 사이에 우리 속에서 중생이나 성화와 같은 일을 하시는 경우가 많기 때문에 우리가 예수님을 믿고, 세례를 받아도 성령에 대한 지식을 모를 수도 있을 것이다.

그럼에도 불구하고 바울이 굳이 이들에게 "너희가 믿을 때에 무슨 세례를 받았느냐?"고 물었던 것은 다음과 같은 의도를 가지고 있었을 거라 추측해 볼 수 있다. 그 이유를 추측해보면 먼저는 이들의 믿음에 있어서 성령의 존재와 역사를 알게 하는 것이 첫 번째 이유였을 것이고, 다음으로는 바울 자신의 정체를 이들에게 확고하게 밝히고 싶었기 때문이었을 것이다. 바울은 앞으로 로마 선교의 전초 기지로 에베소에서의 복음을 시작함에 있어서 그가 이전의 선생들보다 더 우월한 영적 권위와 능력이 있는 주의 종이라는 것을 보여줄 필요가 있었다. 때문에 그들이 성령을 받고 방언을 한 것은 분명 바울의 권위가 세워지는데에 크게 작용했을 것이다. 그리고 마지막으로는, 바울이 이들을 그의 동역자 요 선지자로 세우고자 하는 뜻이 있었으리라 생각된다. 바울은 그들에게 안수했다. 사도행전에서 안수하는 경우는 사도들이 일곱 집사를 세울 때(행 6:6), 하나님께서 사울을 불러 아나니아를 통하여 이방의 사도로 세우실 때(9:12), 안디옥 교회에서 사울과 바나바를 따로 세워 선교사로 파송할 때(13:3) 등이었다. 따라서 사람에게 안수한 것은 특별한 사명과 직분을 위임할 때 행하는 예식인 듯 하며, 바울이 안수했을 때 이들이 예언을 했다는 것도 예루살렘에서 삼천 명이 회개하고 세례 받을 때나, 사마리아나 고넬료의 가속들이 방언하는 경우와 구별되는 특별한 경우로서 이들이 선지자적 역할을 하고 있었음을 보여준다. 또한 바울이 이들에게 안수한 후 이들 12명을 데리고 회당에 가서 즉시 말씀 사역을 시작한 것을 보면 바울이 안수한 의도가 바로 제자들을 선지자로 세우는데 있었다는 것을 증명한다.

그는 제자들을 데리고 회당에 들어가서 석 달 동안 집회를 열었다. 그는 하나님 나라에 관한 것들을 강론하며 사람들을 설득하였다. 그러나 그의 기대와는 달리 어떤 사람들은 오히려 마음이 굳어져서 순종하지 않고 군중 앞에서 그 도를 비방하기까지 하였다. 대중들을 상대로 큰 기대를 가지고 시작한 부흥 집회가 오히려 역효과를 불러온 것이다(행 19:9). 때문에 바울은 회당에서 철수하고, 제자들을 데리고 두란노 도서관으로 들어가 이들을 따로 세워서 날마다 성경을 강론하였다. 그렇게 바울이 이같이 2년을 하자, 아시아에 사는 유대인이나 헬라인이나 다 주님의 말씀을 듣게 되었다.

마침 에베소에는 유대인의 제사장 스게와의 일곱 아들들이 악령을 쫓아내려다가 오히려 악령 들린 사람에게 큰 봉변을 당하고 벗은 몸으로 도망가다가 상처를 입는 일이 있었다(행 19:13-16). 이 사건이 알려지면서 에베소에 사는 모든 유대인들과 헬라인들에게는 두려움이 임했고,

주 예수님의 이름은 찬양을 받았다. 그리하여 많은 사람들이 죄를 자백하고, 마술을 행하던 사람들이 은전 5만개 값이 나가는 마술책들을 불사르는 엄청난 사건이 일어났다. 은전 5만개는 현재 통용하는 돈으로 환산하면 약 3만5천 달러 상당의 돈(약 4,500만원)이다. 사도행전 저자 누가는 이 사건을 "이처럼 주님의 말씀이 힘이 있어 퍼져나가고 세력을 얻었다."(행 19:20)고 기술하고 있다. 이 사건은 분명 영들이 연관된 싸움임에 틀림없다. 그러나 누가는 이 사건을 "이와 같이 성령의 역사가 힘이 있어 퍼져나가고 세력을 얻었다."고 기록하지 않고, 말씀이 힘이 있어 이와 같은 일이 일어났다고 말한다. 에베소에 일어난 이 놀라운 일을 누가는 말씀의 역사라고 말하고 있다. 즉, 말씀을 가르침으로 일어난 일이라고 믿는 것이다. 그렇다면 바울은 에베소에서 어떻게 말씀 가르치는 일을 했는가?

이 사건은 에베소의 경제에 적잖은 영향을 미쳤는데, 특히 은세공업자들에게 타격이 컸다. 왜냐하면 은세공업자들은 아데미 여신상을 만들어 팔아 번영을 누려왔는데 사람들이 더 이상 아데미 여신을 믿지 않기 때문에 신상은 팔리지 않게 되었다. 경제적인 타격을 입은 이 은세공업자들은 크게 들고 일어나 바울을 추방하고자 했다. 바울은 이 때문에 급히 피신하게 되었고, 제대로 양떼들에게 인사도 나누지 못하게 되자 그는 밀레도 항구로 에베소의 장로들을 불러 그동안의 그의 목회활동을 돌이켜보며 작별 인사를 나누는데 여기에는 그가 어떻게 말씀 가르치는 일을 해왔는지 잘 나타나있다.

에베소에서 3년 동안 머무르며, 때와 장소를 가리지 않고 유대인과 헬라인들에게 전한 말씀의 핵심은 하나님께 대한 회개와 예수께 대한 믿음을 증거하는 것이었다(행 20:21). 그는 이것을 증거하기 위한 사명감이 확실하여 이 일을 마치려 함에는 자기의 목숨을 조금도 귀한 것으로 여기지 않는다고 말한다(행 20:24). 그는 에베소에서 그의 목숨을 내놓고 목회를 한 것이다. 목회는 가만히 앉아 있는다고 되는 일이 아니다. 그는 이 사명을 다하기 위하여 "삼 년 동안 밤낮으로 쉬지 않고 눈물로 각 사람을 훈계하였다"(행 20:31)고 말한다. 여기서 "훈계한다"는 말은 헬라어로 "누데테오"(νουθετέω)를 번역한 것으로 이는 "깨우치다, 권고하다"(admonish), "가르치다"(instruct), "경고하다"(warn) 등의 의미를 갖는 말이다. 바울은 단순히 성경을 가르친 것이 아니라 마치 아버지처럼 눈물로 성도들을 깨우치고, 상담하고, 경고한 것이다. 그는 에베소를 떠나며, "이제 나는 너희를 하나님과 그분의 은혜의 말씀께 부탁하니, 그 말씀이 너희를 굳게 세우고 거룩함을 입은 모든 이들 가운데서 너희에게 유업을 줄 것이다."(행 20:32)라고 말한다. 왜냐하면 말씀이 그들을 굳게 세우고, 그들에게 유업을 줄 것이기 때문이었다. "굳게 세워준다"는 말은 중생한 성도들을 성장하고 성숙하게 하여 어떤 역경에서도 하나님의 백성으로 흔들리지 않는 제자가 되게 한다는 의미이며, "유업"을 주게 한다는 말은 궁극적으로 하나님께서 그의 백성들에게 상급과 유산을 주실 것임을 의미한다. 즉, 이 말은 성화와 그 결과 하나님의 영광에 이르는 모든 과정을 말씀의 역사라고 말하고 있는 것이다. 그래서 그는 에베소 성도들을 성령이 지켜 주시리라고 말하지 않고 말씀이 지켜 주시리라고 말한다. 이는 그만큼 바울이 말씀의 역할을 강조하고 말씀 중심의 목회를 했다는 것을 보여준다.

6. 로마교회

로마교회는 사도행전에서 말하는 소위 "땅 끝"이라고 할 수 있는 곳이다. 바울은 이곳에 죄수 아닌 죄수의 신분으로 도착한다. 그가 로마에 오기까지 많은 역경과 역풍을 만나야 했지만 결국 하나님께서는 그를 로마에 도착하게 하셨다. 로마에 도착한 바울은 먼저 유대인들 중 지도자들을 불러 자기가 죄가 없으면서도 왜 죄인으로 로마까지 오게 되었는지를 설명하며 다음과 같이 말한다.

"이 때문에 내가 여러분을 보고 이야기하려고 여러분을 초청하였으니, 나는 이스라엘의 소망 때문에 이 쇠사슬에 매여 있다." (행 28:20)

여기서 바울이 말하는 이스라엘의 소망이란 무엇인가? 이스라엘이 스스로 가진 소망이 있었는가? 있다면 로마로부터의 정치적인 독립이었을 것이다. 그러나 바울이 이를 두고 말한 것은 아니라고 생각된다. 대신이 소망이란 하나님께서 이스라엘에게 두신 소망이라고 해야 옳다. 하나님께서 이스라엘에게 두신 소망은 아브라함을 부르실 때부터 아브라함의 씨, 곧 그리스도를 통하여 세상 만민에게 구원의 복을 주시려는 것이었다(창 12:1-3; 행 3:25-26; 갈 3:6-9). 그 구원은 그리스도를 통해 주어지는 영원한 생명이었다. 또한 이스라엘에게 언약을 제의하면서 하나님께서는 이스라엘을 "제사장 나라"가 되게 하겠다고 말씀하셨다(출 19:4-6). 특히, 하나님께서는 선지자 이사야를 통하여 이 비전을 좀 더 구체적으로 말씀하신다.

"때가 이르면 내가 모든 민족과 언어가 다른 백성을 모을 것이니 그들이 와서 나의 영광을 볼 것이며, 내가 그들 가운데 징표를 두어서 그들 가운데 살아 남은 자들을 여러 나라, 곧 다시스와 뿔과 활을 당기는 두발과 야완과 나의 명성을 듣지도 못한 먼 해변 땅들로 보낼 것이니, 그들이 나의 영광을 민족들 가운데 전할 것이다. 여호와가 말한다. 이스라엘 자손이 예물을 깨끗한 그릇에 담아 여호와의 집에 드리는 것처럼, 그들이 너희 모든 형제들을 모든 민족들에게서 말과 수레와 기마와 노새와 낙타에 태워 예루살렘의 내 거룩한 산으로 데려와 나 여호와에게 예물로 드릴 것이다. 내가 그들 중 몇 사람을 택하여 제사장과 레위인을 삼을 것이다."

"내가 만든 새 하늘과 새 땅이 내 앞에 항상 있는 것처럼, 너희 자손과
너희 이름도 항상 있을 것이다. 나 여호와의 말이다. 매달 초 하루와 매
안식일마다 모든 육체가 와서 내 앞에서 경배할 것이다. 나 여호와가 말
한다."(사 66:17-23)

이 비전은 이스라엘이 세상 각 민족들을 여호와 앞에 데려와 예배하
고, 하나님께서는 이들 가운데서도 제사장과 레위인들을 택하시겠다는
내용을 담고 있다. 하나님께서는 이스라엘 사람과 이방인들의 벽을 헐어
버리시고 세상 모든 사람들을 그의 백성 삼으시겠다고 말씀하셨다. 바
울은 이 비전을 마음에 새기고 세계 전도여행을 하며, 로마로 가기 전에
로마에 있는 성도들에게 편지를 쓰며, 이사야의 이 비전을 언급하고 있
다.

"그 은혜는 곧 나로 이방인들을 위하여 그리스도 예수님의 일꾼이 되어
하나님의 복음의 제사장 직무를 하게 하고, 그리하여 이방인을 제물로
드리는 그 일이 성령 안에서 거룩하게 되어 받으실 만하게 하시려는 것
이다."(롬 15:16)

바울이 예수 그리스도의 일꾼으로서 받은 복음의 제사장 직무는 이
방인을 제물로 드리는 것이라고 말하고 있는데, 이는 분명 하나님께서
이사야를 통하여 주신 전 세계인의 복음화의 비전이며, 이 일을 수행할
하나님의 종으로서 이스라엘에게 두신 하나님의 소망이다. 바울은 여기
서 하나님의 말씀을 먼저 받은 이스라엘 사람으로서 이방인들에게 말씀
을 전하고 가르치는 자신의 모습을 바로 열방을 향한 제사장의 모습이

라고 생각했다. 이 때문에 바울은 하나님의 소망을 가슴에 안고 쇠사슬에 묶인 죄수의 신분임에도 불구하고 기쁜 마음으로 기꺼이 올 수 있었다.

로마에 도착한 그는 말씀 가르치는 일을 시작한다. 죄수이기 때문에 자유롭지는 못했지만 그는 아랑곳하지 않고 셋방에서 그를 찾아오는 사람들에게 말씀을 전했다. 성경은 그의 이러한 전도 활동에 대하여 다음과 같이 말한다.

"그들이 바울과 날짜를 정하여 그의 숙소로 많이 오니, 바울이 이른 아침부터 저녁까지 그들에게 하나님 나라를 강론하며, 모세의 율법과 선지자들의 글을 가지고 예수님에 관하여 그들을 권면하였다."(행 28:23)

바울이 말씀을 가르치는 데 있어서 먼저 장소가 언급되어 있다. "숙소"이다. 여기서 주목할 점은 바울이 머무는 곳이 23절에는 "숙소"에서 30절에는 "셋집"으로 바뀌는 부분이다. 23절의 헬라어 "크세니아"(ξενία)라는 말은 사람이 집을 떠나 임시적으로 머무르는 장소를 뜻하는 말이기 때문에 "숙소" 혹은 "손님방"(guestroom) 등으로 쓰이는 말이며, 30절의 "미스도마"(μίσθωμα)라는 말은 계약에 의하여 값을 치르고 빌린 집, 셋집(rented house)을 의미한다. 여기서 성경은 "자신의 셋집"(ίδιῳ μίσθωμα)이라고 말하고 있다. 바울이 성경을 가르치는 장소를 "숙소"에서 "셋집"으로 옮겼음을 시사한다. 바울은 셋집을 구할 때까지 기다리지 않고, 우선 임시숙소에서부터 복음 사역을 시작했던 것이다.

바울은 숙소에서 "날짜를 정하여" 그리고 "이른 아침부터 저녁까지" 가르쳤다. 이것은 바울의 편의에 의하여 정한 시간이라기보다는 장소의 수용성과 사람들의 형편을 고려하여 사람들이 원하는 시간에 맞추어 이른 아침부터 저녁까지 말씀을 가르쳤음을 암시한다. 그는 아마도 일주일 내내 그렇게 가르쳤을 것이다. 그는 죄수의 몸이지만 목숨을 내놓고 복음 전파에 전심전력을 다했다.

바울이 가르친 내용은 "하나님 나라, 모세의 율법, 선지자들의 글, 예수님에 대한 이야기" 등이었다(23). 그의 가르침은 하나님 나라와 예수님이 주제이고, 그의 교과서는 율법과 선지자, 곧 구약성경이었다. 바울은 "하나님 나라", 곧 물이 바다를 덮음같이 여호와를 아는 지식이 충만하여 세상의 모든 사람들이 다 하나님을 알기 때문에 더 이상 전도가 필요 없는 세상, 온갖 적대적인 세력들이 손에 손을 잡고 서로 평화를 누리는 세상, 나아가서 하나님께서 통치하시는 이 세상 나라뿐만 아니라 장차 임하실 하나님 나라의 소망 때문에 강론하고, 가르쳤던 것이다.

바울의 가르침을 모든 사람들이 다 받아들인 것은 아니었다. 어떤 사람들은 믿지 않아 의견이 엇갈리기도 했다. 아마도 이를 받아들이지 않는 사람들은 대부분 유대인들이었던 것 같다. 그래서 바울은 성경 말씀을 인용하여 이들을 책망하고, "너희는 하나님의 구원이 이방인들에게 보내어진 것을 알아라. 그들도 들을 것이다."(28)라고 선언한다. 이처럼 바울이 이방인, 로마의 복음 사역을 선포하면서 바울의 사역은 셋집으로 옮겨지게 된다.

"바울이 이년 내내 자신의 셋집에 머물면서 자기에게 오는 이들을 다 영접하여 하나님 나라를 선포하고 주 예수 그리스도에 관한 것들을 아무 방해도 받지 않고 담대하게 가르쳤다." (행 28:30, 31)

사도행전의 저자인 누가는 바울이 셋방에서 성경을 가르치는 것으로 사도행전의 끝을 맺는다. 바울은 로마에서 말씀을 가르치다가 순교한 것으로 전해지는데, 사도행전은 바울이 순교한 것으로 끝을 맺지 않고 성경을 가르치는 것으로 끝을 맺고 있다. 야사에 의하면 바울이 참수당할 때 사도행전 저자 누가는 바로 그 형장에 있었다고 한다. 그렇다면 누가는 왜 사도 바울의 이 장엄한 죽음을 한마디의 언급도 없이 사도행전의 막을 내리고 있는 것일까? 사도행전 역사의 주인공이 결코 바울이 아니며, 앞으로 이 복음 역사는 주의 종들을 통하여 계속되어야 할 것을 암시하는 것이 아닐까? 바울은 말씀을 가르치다가 핍박 받고 순교했으며 바울뿐만 아니라 많은 성도들이 로마제국의 탄압으로 희생되었다. 그로부터 약 200여년 후 기독교는 로마의 콘스탄틴 대제에 의해 국교로 공인되었다(A.D 313). 예수님을 십자가에 못 박고 바울을 참수한 로마가 거꾸로 그리스도 앞에 무릎을 꿇게 된 것이다. 그리고 그 복음은 우리에게까지 전해졌다. 로마의 한 구석에서 죄수에 의해 가르쳐졌던 이 보잘 것 없어 보이는 말씀이 결국 로마를 정복하고 세계를 정복한 것이다.

결론

하나님께서는 말씀으로 세상을 창조하시고 사람을 그의 대리자로 세워 그가 지으신 만물을 다스리게 하셨다. 하나님과 사람이 종주와 속주의 계약 관계에 들어간 것이다. 그러나 사람은 "선과 악을 알게 하는 나무의 열매는 먹지 마라"는 하나님의 말씀을 불순종하고 그의 종주를 반역하여 하나님과 사람과 피조물 사이에 하나님께서 만들어 놓은 질서를 깨버렸다. 그 결과 사람은 하나님으로부터 언약적 저주를 받아 그 자신은 물론 그와 언약적 연대성을 형성하는 모든 피조물들이 다 하나님의 진노의 심판을 받게 되었다. 노아 때에 대홍수로 말미암아 온 세상이 다 물로 심판을 받은 것과 같이 앞으로 이 세상은 불로 심판을 받게 될 것이다.

그럼에도 불구하고 하나님께서는 불로 심판을 받아야 할 이 세상을 새롭게 만드시려는 꿈을 가지시고 계획을 세우신다. 하나님의 진노 아래 있는 모든 사람들에게 하나님의 말씀을 가르쳐 마치 물이 바다를 덮음 같이 여호와를 아는 지식이 온 세상에 충만한 세상을 만들고자 하신 것이다. 그리하여 이 세상에 약육강식의 적대감이 없어지고 모든 만물이 함께 어울려 평화를 누리는 세상을 만들려고 하신 것이다. 그때는 하나님께서 모든 사람의 마음 판에 여호와의 율법을 새겨놓아 모든 사람이 여호와를 앎으로 그의 이웃을 향하여 여호와를 알라고 권할 필요가 없는 세상이 되며, 더 이상 사람들이 그의 이웃을 대항하여 전쟁을 하지 않는 세상이 되는 것이다.

이 비전을 실현하기 위하여 말씀이신 하나님께서는 친히 육신을 입고 이 땅에 찾아와 무지몽매한 인생들에게 말씀을 가르치시고, 많은 열매를 맺기 위하여 한 알의 밀알로 십자가 지고 돌아가셨다. 그리고 부활하셨다. 부활하신 예수께서는 그의 말씀 가르치는 선지자적 사명을 제자들에게 위임하시고, 이 사명을 감당할 수 있도록 제자들에게 성령 세례를 주어 말씀 가르치는 선지자로서의 신적 권위와 능력을 부여해 주셨다. 그리하여 제자들은 예루살렘으로부터 시작하여 로마까지 말씀 가르치는 일을 했다. 우리는 이 일을 위임 받은 이 시대의 선지자들이다.

말씀과 성령은 함께 일한다. 성령은 제자들이 전하는 말씀에 신적 권위와 능력을 입혀 말씀을 받는 자들이 중생하고, 변화되고, 새 사람이 되며, 성장하도록 한다. 우리는 성령을 우리의 마음대로 오게 할 수도 없고, 우리의 원하는 대로 부릴 수도 없다. 성령은 그의 뜻대로 일하시는 하나님이시기 때문이다. 그러나 성령께서 일하실 수 있게 하는 방법이 있다. 그것은 바로 말씀을 가르치는 것이다. 성령과 말씀은 불가분리의 관계이기 때문에 말씀이 선포되고 가르치는 곳에는 자연히 성령이 역사한다. 따라서 우리는 성령의 역사는 하나님께 맡기고 말씀 전하는 일을 해야 한다.

참 고 문 헌

Beasley-Murray, George R. *John 1–21*. Word Biblical Commentary Vol. 36. Dallas: Word Books, 1987.

Bergen, Robert D. *1–2 Samuel*. The New American Commentary. Vol. 7B. Broadman & Holman Publisher, 1996.

Brown, Raymond E. *The Gospel According to John XII–XXI*. The Anchor Bible. Garden City: Doubleday & Company, 1970.

Buchanan, G. W. "Eschatology and the End of Days," *VT* 11. 1961.

Calvin, J. *Calvins Commentary on the Epistle to Timothy, Titus, Philemon*, Tr. William Plinge. Grand Rapids: Baker, 1979.

Cranfield, C.E.B., *A Critical and Exegetical Commentary on the Epistle to the Romans*. Vol. 1. ICC. London & New York: T&T Clark, 1975.

Dahood, M. *Psalm 1–50*. The Anchor Bible. Garden City: Doubleday & Company, 1965.

Dillard, B. Raymond & Tremper Longman Ⅲ, An Introduction to the Old Testament. Grand Rapids: Zondervan, 1994.

Enns, Peter. *Exodus: The NIV Application Commentary*. Grand Rapids: Zondervan, 2000.

Ferguson, Sinclair, "John Owen and Doctrine of the Holy Spirit" in *John Owen: The Man and His Theology: The Martin Lloyd Jones Memorial Lecture 2000*. Philipsburg: P&R, 2000.

Giblin, C. H. "A Prophetic Vision of History and Things (Acts 6:8–8:3)" *TBT* 63. 1972.

Goold, W. H., ed. The Works of John Owen. Vol. 3. Edinburgh: T&T Clark, 1850–1853.

Habel, N. "The Form and Significance of the Call Narrative," *ZAW* 1965.

Hamilton, Victor P. *The Book of Genesis 1–17.* NICOT. Grand Rapids: Eerdmans, 1990.

Hendrickson, William. *John.* The Geneva Series of Commentary. London: The Banner of Truth Trust, 1954.

Hildebrandt, Wilf. *An Old Testament Theology of the Spirit of God.* Peabody: Hendrickson, 1995.

Horst, F. "Die Visionsschilderungen alttestamentlichen Propheten," *EvT* 20, 1960.

Kodell, J. "The Word of God Grew– The Ecclesial Tendency of Logos in Acts 6:7; 12:24; 19:20," *Bib* 55, 1974.

Louw, J. P. & Nida, E. A. *Greek–English Lexicon of the New Testament Based on Semantic Domains.* New York: United Bible Society, 1988.

Mattews, Kenneth, *Genesis 1–11:26.* NAS. Nashville: Broadman & Holman, 1996.

McCarter, P. Kyle. Jr. Ⅱ *Samuel: A New Translation with Introduction and Commentary.* The Anchor Bible. Garden City: Doubleday & Company, 1984.

McNeil, John R. ed. *Calvin, Institutes of the Christian Religion 1.*

indexed by Ford Lewis Battkes. Philadelphia: Westminster, 1960.

Motyer, J. Alec, *The prophecy of Isaiah: An Introduction & Commentary.* Downers Grove: IVP, 1993.

Oswalt, John N. *Isaiah: The NIV Application Commentary.* Grand Rapids: Zondervan, 2003.

Park, Hyong Yong, *The Holy Spirit and the Church.* Suwon: Hapdong Theological Seminary, 2011.

Plastara, James. *The God of Exodus: The Theology of Exodus Narrative.* Milwaukee: Bruce, 1966.

Polhill, John B. *Acts.* The New American Commentary. Vol. 26. Nashville: Broadman & Holman Publisher, 1995.

Sailhamer, John. H. *The Pentateuch As Narrative.* Grand Rapids: Zondervan, 1992.

Smith, Garry. *Isaiah 1–39.* The New American Commentary. Vol. 15 A. B & H Publishing Group, 2007.

Sohn, Seock-Tae. *The Divine Election of Israel.* Grand Rapids: Eerdmans, 1991.

_____ . *YHWH, The Husband of Israel.* Eugene: Eerdmans, 2002.

Thomson, J. A. *The Book of Jeremiah.* The New International Commentary on the Old Testament. Grand Rapids: Eerdmans, 1980.

Vos, Geerhardus. *Biblical Theology: Old And New Testament.* Grand Rapids: Eerdmans, 1948.

Walton, John H. *Genesis: The NIV Application Commentary.* Grand Rapids: Zondervan, 2001.

_____. *The Lost World of Adam and Eve: Genesis 2-3 and the Human Origins Debates.* Downers Grove: IVP, 2015.

Watts, J. D. W. *Isaiah 1-33.* WBC 24. Dallas: Word, 2002.

_____. "Die Visionsschilderungen alttestamentlishen Propheten" *EvT 20*, 1960.

Wheaton, D. H. "Diana", *The New Bible Dictionary.* London: Inter-Vasity Press, 1968.

Wenham, Gordon J. *Genesis 1-15.* WBC 1. Waco: Word Books, 1987.

Young, E. J. *Genesis 3: A Devotional & Expository Study.* London: Banner of Truth Trust, 1966.

_____. *My Servants the Prophets.* Grand Rapids: Eerdmans, 1979.

제임스 던. 「로마서 1-8」 WBC 38 상, 김철, 채천석 옮김. 서울: 솔로몬, 2003.

로버트 L. 레이몬드. "칼빈의 성경관". 데이비드 홀 편집 「칼빈의 기독교 강요 신학」 나용화 외 옮김. 서울: CLC, 2009.

손석태. 「창세기강의」 서울: ESP, 1993.

_____. 「목회를 위한 구약신학」 서울: CLC, 2006.

_____. 「말씀과 성령」 서울: CLC, 2013.

_____. 「성령세례 다시 해석한다」 서울: CLC, 2016.

_____. "여호사밧의 부흥운동" 「개신논집」 Vol. 8, 2008.

고든 웬함. 「모세오경」 서울: 성서유니온, 2007.

ESF(Evangelical Student Fellowship)는

사도행전 1장 8절에서 선포되고 있는
예수님의 지상명령에 근거하여
캠퍼스복음화를 통한 통일성서한국, 세계선교를
주요목표로 삼고 있는 초교파적 선교단체입니다.

기독대학인회(ESF)
주소_ 01081 서울시 강북구 덕릉로 77 (수유동 47-68)
전화_ 02)989-3494
팩스_ 02)989-3385
홈페이지_ www.esf21.com
이메일_ esfhq@hanmail.net

ESP(Evangelical Student Fellowship Press)는
기독대학인회(ESF)의 출판부입니다.

기독대학인회 출판부(ESP)는
다음과 같은 마음을 품고 기도하면서 일하고 있습니다.
첫째, 청년 대학생은 이 시대의 희망입니다.
둘째, 하나님 말씀인 성경을 사랑합니다.
셋째, 문서사역을 통하여 성경적 세계관을 정립해 나갑니다.
넷째, 문서선교를 통하여 총체적 선교에 도움을 주고자 합니다.

기독대학인회 출판부(ESP)
전화_ 02)989-3476~7
팩스_ 02)989-3385
이메일_ esfpress@hanmail.net